Stefanie Böhmann

# Eine Reise zum Weihnachtsfest

*24 Geschichten auf dem Weg nach Bethlehem*

Mit Bastelvorlagen für eine weihnachtliche Lichterstadt

BRUNNEN
Verlag Giessen · Basel

Umschlagfoto oben: Photoimage, shutterstock
Umschlagfoto unten und Bilder der Häuser im Innenteil: Claudia Teik, www.fotoimage.de
Sonstige Fotos: shutterstock
Umschlaggestaltung: Sabine Schweda
Satz: Eva Joneleit
Herstellung: Druckhaus Harms
ISBN 978-3-7655-6610-3

# Inhalt

# Auf dem Weg zum Licht!

Freut ihr euch schon auf Weihnachten? Die kommenden Wochen der Adventszeit sind ja erfüllt von lauter kleinen Zeichen der Vorfreude, die schon auf Weihnachten hinweisen.

Einen ganz besonderen Weg auf Weihnachten zu könnt ihr mit den Geschichten in diesem Buch gehen. In ihnen werdet ihr vielen verschiedenen Namen und Personen begegnen – bekannten und unbekannten. Macht euch auf mit Maria und Josef, mit den Königen und den Hirten – und seid gespannt, was ihr auf dem Weg nach Bethlehem, auf dem Weg zum Geburtstagsfest des Jesuskindes, alles miterleben werdet.

Für jeden Tag vom 1. bis zum 24. Dezember gibt es eine Geschichte. Und zu jeder Geschichte gibt es ein Haus zum Basteln, das zu dieser Geschichte passt. Hinten im Buch findet ihr die Bastelvorlagen. Kopiert sie euch auf etwas festeres Papier, schneidet dann die Formen aus und legt sie als Vorlage auf das Tonpapier, aus dem ihr Häuser oder Figuren basteln wollt. Zeichnet die Konturen nach und schneidet die Formen aus. Die Fenster kann man am besten mit Cuttermesser und Lineal herausschneiden und dann mit Transparentpapier hinterkleben. Nun müsst ihr nur noch die Klebekanten umbiegen und das Häuschen zusammenkleben. Auch die Dächer kann man unterschiedlich gestalten: als Kuppeldach, indem man einen Halbkreis oben anklebt, oder als Palastdach mit angeklebten Zinnen oder … was immer euch einfällt. Die Fensterformen sind natürlich ebenfalls variierbar. Ihr könnt mit Sternstanzern arbeiten, um das Sternenhaus zu verschönern. Eurer Fantasie sind keine Grenzen gesetzt! Besonders gut lässt es sich auch mit Efoplast arbeiten, wenn man Geschirr (etwa beim Töpfer) oder Schuhe, Palmen oder andere zusätzliche Dinge braucht, um die Geschichte lebendig werden zu lassen. Das Material trocknet innerhalb eines Tages und lässt sich auch gut bemalen.

An Weihnachten habt ihr dann eine große, hell strahlende Lichterstadt vor euch.

Ich wünsche euch eine gesegnete Adventszeit, in der eure Weihnachtsfreude von Tag zu Tag wächst!

*Eure Stefanie Böhmann*

*Ein wichtiger Hinweis:* Die Lichter in den Häuschen solltet ihr unbedingt in ein Teelichtglas stellen und die brennenden Teelichter nicht unbeaufsichtigt lassen.

# Beim Zimmermann von Nazareth

***Material:***
*graues/beiges oder braunes Tonpapier, kleine Holzstückchen, Transparentpapier*

Vor langer Zeit lebte in dem Dorf Nazareth eine Frau namens Maria mit ihrem Mann Josef, einem Zimmermann. Josef konnte Tische und Möbel herstellen und wunderbar mit Holz umgehen.

An ihren Wohnraum war eine Werkstatt angebaut, in der Josef arbeitete. Es war weithin hörbar, wenn er mit dem Hobel die Holzbretter bearbeitete oder mit Hammerschlägen Hölzer zusammenfügte. Josef verdiente mit seiner Arbeit das Geld, um sich, seine Frau, und seinen Sohn, der bald auf die Welt kommen sollte, zu ernähren.

Dass Maria bald ein Kind bekommen würde, konnte man schon sehen. Ihr Bauch wölbte sich wahrnehmbar unter ihrem Gewand. Maria war sehr gespannt auf die Geburt ihres ersten Kindes. Während sie am Mühlstein das Korn mahlte oder den Teig zum Brotbacken knetete, dachte sie immer wieder an die Ereignisse der vergangenen Monate.

Denn Maria hatte etwas ganz Außergewöhnliches erlebt. Eines Tages hatte sie

Besuch erhalten – einen sehr ungewöhnlichen Besuch. Ein Engel war zu ihr gekommen – und er hatte eine Botschaft für sie: Sie sollte ein Kind zur Welt bringen, mit dem Gott große Dinge vorhatte und durch das er die Welt erlösen wollte. Ein Kind, das Gottes Sohn sein sollte. Wie sollte sie ein Kind bekommen? Sie war damals noch gar nicht mit Josef verheiratet gewesen. Sie waren nur verlobt und lebten noch nicht zusammen. In der damaligen Zeit war es streng verboten, vor einer Heirat mit einem Mann zusammenzuleben. „Gott wird dieses Kind in dir schaffen. Er fragt dich nur, ob du bereit bist.“ Das hatte der Engel zu ihr gesagt. Maria war erschrocken. Aber dann hatte sie geantwortet: „Es soll so geschehen, wie Gott es will.“

Nachdem der Engel Maria verlassen hatte, wusste sie nicht, ob sie sich freuen oder ob sie weinen sollte. Eines war klar: Das ganze Dorf würde über sie reden. Wer würde ihr glauben, dass alles so zugegangen war, wie der Engel es gesagt hatte?

Und Josef? Was würde er sagen, wenn er erfuhr, dass sie ein Kind bekommen würde? Würde wenigstens er zu ihr stehen?

Maria beschloss, erst einmal für einige Zeit Nazareth zu verlassen und ihre Verwandten zu besuchen. Elisabeth und Zacharias lebten einige Tagesreisen von Nazareth entfernt. Auch Elisabeth hatte ein Kind erwartet – und Maria war noch bei ihr, als ihr Sohn geboren wurde. Johannes, so nannten sie ihn, war das erste Kind von Elisabeth und Zacharias. Und seine Geburt war ein großes Wunder! Denn Elisabeth und Zacharias waren schon alt und hatten nicht mehr mit einem Kind gerechnet. Umso größer war die Freude, als ihr Sohn geboren wurde.

Drei Monate blieb Maria bei ihren Verwandten. Nun wusste sie es: Der Engel hatte recht. Auch sie würde ein Kind bekommen. Was würde man nun im Dorf über sie denken? Sicher würden alle glauben, sie habe einen anderen Mann genommen, obwohl sie doch mit Josef verlobt war. Und wie sollte sie es Josef sagen?

Als sie es schließlich tat, wandte sich Josef enttäuscht von ihr ab. Dabei hatte sie sich so auf ein Wiedersehen mit ihm gefreut.

Aber einige Tage später kam er zu ihr. „Ich werde dich nicht verlassen, Maria“, sagte er. Denn auch Josef war im Traum ein Engel begegnet. Von ihm hatte er erfahren, dass alles wahr sei, was Maria ihm erzählt hatte. Und der Engel hatte ihm gesagt, er solle Maria heiraten und für das Kind sorgen. Auch einen Namen für das Kind hatte der Engel genannt: Sie sollten ihren Sohn Jesus nennen.

Seitdem freuten sich Maria und Josef auf die Geburt ihres Sohnes. Und gemeinsam konnten sie auch leichter den Blicken der Leute aus dem Weg gehen, die ihre Geschichte nicht glauben wollten.

In den nächsten Tagen werdet ihr einige Bewohner von Nazareth kennenlernen und erfahren, wie sie leben und wie sie die Nachricht von Marias Schwangerschaft aufgenommen haben.

# Bei der Weberfamilie

***Material:***
*farbiges Tonpapier,*
*Transparentpapier,*
*Woll- oder Stoffreste*

Das Haus der Weberfamilie aus Nazareth stand ganz in der Nähe von Josefs Schreinerei. Mirjam, die Weberin, und ihr Mann Thomas sorgten dafür, dass man sich in Nazareth in schöne Stoffe hüllen konnte. Und wer sich keine schönen und teuren Stoffe leisten konnte, der bekam bei ihnen wenigstens einen guten warmen, wollenen Umhang. So hatten die Webersleute immer viel zu tun. Sie waren gute Nachbarn für Maria und Josef, und die Familien halfen sich gegenseitig, wenn einer von ihnen Hilfe brauchte.

Seit einiger Zeit begann die Weberin mit ihrem Mann und ihren zwei Töchtern Judith und Naomi den Tag mit einem besonderen Gebet. Natürlich hatten sie schon immer ihr Morgengebet gesprochen, so wie es alle frommen Juden seit Jahrhunderten taten. Aber seit Neuestem schlossen sie noch ein weiteres Gebet an. Seit sie erfahren hatten, dass Maria ein Kind erwartete, beteten sie für ihre Nachbarin. Sie baten Gott, dass Maria ein gesundes Kind auf die Welt bringen würde. Sie selbst hätten eigentlich drei Kinder gehabt, aber das jüngste, ein Junge, war bei der Geburt gestorben.

Seit es sichtbar war, dass Maria schwanger war, sprachen viele im Dorf über sie. Und nicht immer waren es freundliche Worte.

Aber Mirjam war überzeugt: Maria musste eine besondere Beziehung zu Gott haben. Es ging eine große Ruhe und eine stille Freude von ihr aus. Judith und Naomi fühlten sich in ihrer Nähe besonders wohl. Neugierig beobachteten sie, wie Marias Bauch immer runder wurde. Es verging kaum ein Tag, an dem Judith mit ihren vier Jahren nicht fragte: „Wann kommt Marias Kind denn endlich auf die Welt?“ Und Naomi liebte es, wenn Maria ihr ein um das andere Mal erzählte, wie es gewesen war, als der Engel Gottes sie besucht hatte.

An diesem Tag kam den beiden Mädchen eine Idee. Sie rannten zu ihren Eltern und fragten: „Mama, Papa, können wir nicht einige Windeln als Geschenk für das Kind von Maria und Josef weben? Es muss doch nach der Geburt warm eingewickelt werden.“ Mirjam lächelte: „Aber natürlich können wir die Windeln für das Baby weben. Kommt, wir fangen gleich damit an.“ Denn viel Zeit blieb ihnen nicht mehr.

Judith und Naomi gingen voller Eifer ans Werk. Und auch wenn mal ein Faden herausrutschte oder die Fäden nicht ganz so fest gespannt waren, wie sie sein sollten, so waren sie zum Schluss doch sehr zufrieden mit ihrem Werk. Sie freuten sich schon auf den Moment, in dem sie Maria ihr Geschenk überreichen würden.

# Im Haus des Töpfers von Nazareth

***Material:***
*farbiges Tonpapier, Transparentpapier, Efoplast oder Stifte, um das Haus anzumalen. Mit Efoplast Teller, Wasserkrüge oder anderes Geschirr formen und vor das Haus stellen.*

„Elieser, wo steckst du denn? Ich muss dir etwas erzählen.“ „Ja, hier bin ich doch!“, antwortete der Töpfer Elieser seiner Frau Rebekka.

„Eli, gerade habe ich am Brunnen Maria getroffen, du weißt schon, die Frau von Josef, dem Zimmermann. Maria erzählte mir, dass Josef und sie sich Sorgen machen. Sie haben nicht gerade viel Geld – und nun kommt ja bald ihr Kind. Und so ein neugeborenes Kind braucht ja doch so allerhand. Josef ist dabei, die Wiege zu schreinern, aber zusätzliche Schalen und Töpfe können sie sich nicht leisten. Sag mal, meinst du nicht, es wäre ein schönes Zeichen nach allem Klatsch und Tratsch im Dorf, wenn ich mit meinen Freundinnen einige Schalen und Töpfe für Maria und Josef zur Geburt ihres Kindes herstellen würde?“

„Rebekka, du hast einfach immer großartige Ideen. Ich glaube, die junge Familie würde sich sehr darüber freuen.“

# 3. Tag

Am Morgen des nächsten Tages sah man vier Frauen fröhlich in die Töpferei laufen. Sie waren gespannt darauf, was sie unter der fachkundigen Anleitung von Rebekka an diesem Tag zustande bringen würden. Sie wollten heute einige Töpfe und Schalen für Maria und Josef formen, dann würde Elieser sie brennen, und schon übermorgen würden sie sich nochmals treffen, um die fertigen Tonwaren zu bemalen. Alle vier Frauen hatten schon überlegt, was sie Maria und Josef zur Geburt ihres Kindes schenken sollten, und waren froh über Rebekkas praktischen Vorschlag.

Die Töpferscheibe wurde an diesem Morgen emsig gedreht, und fröhliches Lachen war aus dem Haus zu hören. Immer und immer wieder versuchten die Frauen, mithilfe ihrer Hände und der Töpferscheibe aus einem Klumpen Ton einen schönen Topf herzustellen. Doch bei Mirjam wurde der Boden krumm, bei Esther wollten die Henkel nicht halten und Deborahs Topf sah eher aus wie eine windschiefe Vase. Aber Rebekka half ihren Freundinnen, glich die Fehler aus und formte selbst eine wunderschöne Schale und einen Teller für das Kind. Zufrieden kehrten die vier Frauen am frühen Vormittag nach Hause zurück. Sie waren sehr stolz auf ihre Arbeit – und sie hatten seit Langem wieder einmal einen unbeschwerten Vormittag unter Frauen erlebt. Normalerweise gab es für alle immer viel Arbeit im Haus und auf den Feldern, und natürlich mussten sie sich um die Kinder kümmern. Seitdem die Römer die Macht über Israel übernommen hatten, mussten die Menschen hohe Abgaben zahlen und hatten selbst nur das Nötigste zu essen. Da wurde jede Hand gebraucht, die arbeiten und zum Lebensunterhalt beitragen konnte.

Als Elieser später vom Markt nach Hause kam, zeigte Rebekka ihrem Mann stolz die gefertigten Tonwaren. „Wir haben einen sehr fröhlichen Tag miteinander verbracht“, sagte sie und strahlte ihren Mann an. Elieser nahm die Schalen und Töpfe und stellte sie zum Trocknen an die Feuerstelle. Später würde er sie brennen.

Am übernächsten Tag trafen sich die Frauen wieder im Haus der Töpferfamilie. „Was sollen wir bloß auf die Töpfe malen?“, fragte Esther. Eine Weile überlegten alle, dann machte Rebekka einen Vorschlag. „Was haltet ihr davon, wenn wir Tiere malen – als Erinnerung an Noah und die Arche und daran, wie Gott alle vor der Flut gerettet hat?“, schlug Rebekka vor. Diese Idee fand sofort Zustimmung, und unter munterem Geplauder entstand eine lustige Tiergesellschaft auf Schalen, Töpfen und Tellern. Die Verzierung gelang so gut, dass die Frauen ihr Tonwerk schließlich am liebsten selbst behalten hätten, so schön sah es aus. Aber sie wussten: Maria und Josef brauchten es nötiger als sie selbst und würden sich sicher sehr über das Geschenk freuen. Schon bald wollten sie es ihnen überbringen.

# Beim Schuster Nathanael in Nazareth

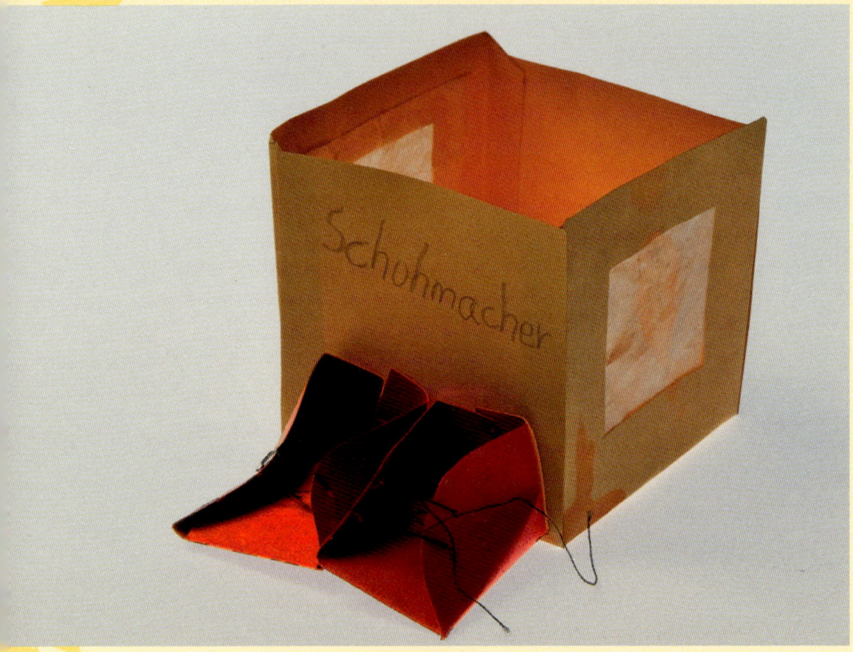


***Material:***
*farbiges Tonpapier,*
*Transparentpapier,*
*Lederreste oder Efoplast*

Der Schuster Nathanael war schon sehr alt. Er saß in seinem Haus an seiner Werkbank und hatte ein besonders schönes Stück Leder in der Hand. Liebevoll betrachtete er es und ließ seine Finger über das samtige, feine Ziegenleder gleiten. Es war das Stück, aus dem er Schuhe für sein erstes Kind hatte anfertigen wollen. Wie hatten sie sich auf dieses Kind gefreut – er und Rahel, seine Frau. Aber dann kam alles anders. Seine Frau und sein Kind waren bei der Geburt gestorben. Er hatte lange nicht gewusst, wie er mit diesem Schmerz weiterleben sollte. – Nun war das alles schon viele Jahre her. Er hatte nicht wieder geheiratet und lebte seitdem allein in seinem Haus in Nazareth.

Nathanael hatte sich gefreut zu hören, dass seine Nachbarin Maria ein Kind bekommen würde. Zuerst, kurz nachdem seine Frau und sein Kind gestorben waren, hatte er es kaum ertragen können, wenn anderen Familien Kinder geschenkt wurden. Aber dann kam ein Tag, an dem er beschloss, sich nicht in seinem Schmerz zu vergraben. Er wollte für die Kinder des Dorfes da sein. Wenn Gott ihm keine eigenen Kinder schenkte, dann würde er eben die Kinder der anderen lieben. Und so hatte er es seitdem gehalten. Immer stand die Tür seiner Werkstatt offen, und die Jungen von Bethlehem hatten von ihm schon manche Geschichte erzählt bekommen. Er kannte viele – neue und uralte, lustige und traurige, spannende und nachdenkliche. Er liebte es, sie zu erzählen, und die Kinder liebten es, ihm zuzuhören.

Nun würde es also bald ein weiteres Kind in Nazareth geben. Noch dazu das Kind seiner Nachbarn. Er hatte das Ehepaar sehr gern, halfen sie doch, wo Not am Mann war. Sie hatten auch ihn schon einige Male in ihr Haus eingeladen.

Da der Geburtstermin für Marias und Josefs Kind immer näher rückte, wollte er nun aus seinem besonderen Lederstück ein Paar Schuhe für ihr Kind machen. Es sollte doch ordentliche Schuhe für seine ersten Schritte in Gottes wunderbarer Welt haben. So schnitt er das Material zu, glättete und säumte es. Dann verband er die feinen Riemen sorgfältig mit der Sohle, und mit jedem Riemen, den er an der Sohle befestigte, wuchs seine Freude auf dieses Kind.

Wie es wohl aussehen würde? Würde es groß und kräftig sein wie Josef? Würde es die braunen Augen seiner Mutter haben? Oder ihre freundliche Art? In seinem Herzen spürte er: Dieses Kind würde den Menschen und seinem Dorf Freude bringen. „Es wird sicher ein ganz besonderes Kind!“, murmelte der alte Mann vor sich hin. Er schnitt den letzten Lederriemen zu, nähte ihn an und betrachtete stolz sein Werk. Diese Schuhe würden einige Meilen aushalten und sollten das Kind lange begleiten.

Wie freute sich der Schuster nun auf den Moment, in dem er Maria und Josef diese Schuhe überreichen konnte.

# Auf dem Dorfplatz

***Material:***
*farbiges Tonpapier, Transparentpapier, kleine Holzstückchen oder Schaschlikspieße, aus denen man Bänke rund um das Häuschen aufbauen kann. Alternative: Bänke aus Efoplast formen und aufstellen. Fertig ist der Treffpunkt für das Dorf.*

Einige Tage später störte ein lauter Trompetenschall die Mittagsruhe im Dorf. Alle Bewohner erschraken und liefen schnell zum Dorfplatz, von dem der Trompetenklang zu hören war.

Dort saßen zwei römische Soldaten mit grimmigen Gesichtern auf ihren Pferden. Die Tiere tänzelten unruhig hin und her. Die Reiter hielten eine Schriftrolle in Händen. Das bedeutete meistens nichts Gutes. Der Kaiser wollte sicher wieder die Abgaben erhöhen. Dabei mussten doch die Leute schon so viel arbeiten und es blieb ihnen kaum das Nötigste zum Leben.

Als sich die meisten Dorfbewohner versammelt hatten, wurde es ganz ruhig auf dem Platz. Man hörte nur das Schnauben der Tiere. Dann erhob der eine Römer seine Stimme. „Hört mir zu, ihr Bewohner von Nazareth. Der erhabene und göttliche Augustus, Kaiser des mächtigen und Heil bringenden Römischen Reiches, will all seine Untertanen erfassen und hat eine Verfügung erlassen, dass ein jeder Jude sich in seinen Geburtsort zu begeben hat, um dort im Register des Römischen Reiches eingetragen zu werden. Die Zählung beginnt mit dem heutigen Tage und endet in drei Wochen. Bis dahin muss jeder in seiner Heimatstadt gewesen sein. Wer sich dem Befehl des erhabenen und göttlichen Kaisers widersetzt, muss mit harten Strafen rechnen."

Ein Raunen ging durch die Menschenmenge. „Das kann er doch nicht machen. Ich muss drei Tage reisen, um in mein Heimatdorf zu gelangen. Was passiert dann mit meiner Ernte?", schimpfte ein Mann. Doch das hörten die Soldaten schon nicht mehr. Sie hatten die Zügel in die Hand genommen und waren so schnell, wie sie gekommen waren, auch wieder verschwunden.

Die Leute waren aufgebracht. Zornig redeten sie miteinander und schimpften über die verhassten Römer. Andere gingen auch schnellen Schrittes nach Hause. Sie waren schon in Nazareth geboren worden und mussten nicht weit laufen, um sich zählen zu lassen.

In Maria und Josef hallten die Worte des Soldaten noch nach. Sie waren erschüttert von dieser Nachricht. In drei Wochen sollte Marias Kind kommen. Und Josef war in Bethlehem geboren. Das hieß, sie mussten tatsächlich so schnell wie möglich gemeinsam nach Bethlehem reisen, um sich dort in die römischen Steuerlisten eintragen zu lassen. Eine so weite Reise – sie würden sicher mindestens zwölf Tage brauchen. Zwölf Tage, an denen Josef keine Tischlerarbeiten ausführen konnte, zwölf Tage, an denen sie kein Geld verdienen würden. Und was würde passieren, wenn das Kind unterwegs kommen würde? Würde Maria genug Kraft haben, um die weite Reise zu überstehen? Und wer würde sich zu Hause um Haus und Werkstatt kümmern?

Frage um Frage schoss ihnen durch den Kopf und lähmte weitere Gedanken. Würde Gott sie auf diese lange Reise begleiten?

# Im Stall des Zimmermanns von Nazareth

***Material:***
*braunes Tonpapier,*
*Transparentpapier,*
*Stift, mit dem ein Bretterzaun aufgemalt werden kann.*
*Eselmotiv, Ziege, Hühner kopieren, auf Tonkarton übertragen, ausschneiden, anmalen und aufkleben.*

Maria und Josef hatten noch am Abend zusammen zu Gott gebetet: „Großer und ewiger Gott, du weißt, dass der Kaiser eine Volkszählung angeordnet hat. Bitte, zeig uns doch den richtigen Zeitpunkt, wann wir aufbrechen sollen. Schütze du unser Kind, und gib uns die nötige Kraft und deinen Schutz auf der Reise. Amen."

Nach diesem Gebet kam ein großer Friede über die beiden. Sie vertrauten Gott, dass er für all ihre Fragen eine Lösung finden würde. Sie wussten: Gott war bei ihnen! Aber es war ihnen auch klar, dass sie keine Zeit zu verlieren hatten.

Am nächsten Tag bereiteten sie alles vor, was sie für die Reise brauchen wür-

# 6. Tag

den. Sie fragten Mirjam, die Weberin, ob sie auf ihr Haus und ihre Ziege und die Hühner aufpassen könne. Den Esel wollten sie mitnehmen. Er sollte das wenige Gepäck tragen, und wenn Maria es brauchen sollte, auch sie. Mirjam war bestürzt: „Ihr wollt tatsächlich so kurz vor der Geburt noch die weite Reise auf euch nehmen?“ Josef antwortete: „Was bleibt uns anderes übrig? Du hast doch gehört, dass die Römer mit harten Strafen drohen, wenn man sich nicht zählen lässt. Gott wird mit uns sein.“

Schnell breitete sich die Nachricht im Dorf aus, dass Maria und Josef am nächsten Tag nach Bethlehem aufbrechen wollten. Auch andere Familien schnürten ihre Sachen in Tücher und machten sich bereit, um in ihre Heimatdörfer zu ziehen.

Mirjam lief rasch nach Hause. Sie erzählte ihren Töchtern von dem Gespräch mit Maria und Josef: „Morgen früh wollen sie aufbrechen. Lasst uns den beiden morgen früh die Windeln mit auf den Weg geben. Vielleicht kommt das Kind ja schon auf ihrer Reise.“ Die beiden Mädchen wurden ganz aufgeregt. Das Baby konnte doch nicht einfach auf der Reise auf die Welt kommen! Aber sie nickten und freuten sich schon darauf, was Maria für ein Gesicht machen würde, wenn sie ihr das Geschenk übergaben.

Auch Rebekka hörte von der geplanten Abreise und gab schnell ihren Freundinnen Bescheid. Auch sie wollten sich früh am nächsten Morgen vor der Zimmermannswerkstatt treffen.

Nach dem Maria etwas Brot und Wasser für die Reise vorbereitet hatte und ihre Sachen gepackt waren, ging sie in den Stall. Dort stand Eli, ihr guter alter Esel. Sie strich ihm über den Rücken. Eli hatte sie schon auf vielen Wegen begleitet und war ein treues Lasttier. Auch diesmal sollte er sie begleiten und Maria selber tragen, wenn der Weg ihr zu schwer wurde.

Tränen rollten über Marias Wangen. Sie wollte nicht auf diese Reise gehen. So viel Unbekanntes lag vor ihnen. Ihr Kind bewegte sich oft heftig in ihrem Leib, sodass sie sich hinlegen musste. Wo würde sie unterwegs einen Ruheplatz finden? Wer würde ihr helfen, wenn es unterwegs geboren würde? Der Weg nach Bethlehem war gefährlich und weit. Würden Räuber sie überfallen? Die Tränen rannen ihr über das ganze Gesicht.

In diesem Zustand fand sie Josef, der seine Frau gesucht hatte. Liebevoll nahm er sie in die Arme und führte sie zurück ins Haus. Es war wichtig, dass sie in dieser Nacht noch ein Mal gut schliefen, denn sie hatten ja anstrengende Tage vor sich. Josef redete Maria gut zu. Schließlich versiegten ihre Tränen, und sie schlief ein.

# Über die Hügel

***Material:***
*grünes Tonpapier, grünes Transparentpapier, Buntstifte, Häuschen abrunden und als Hügel bemalen. Weg aufmalen oder kleine Steinchen aufkleben.*

Das halbe Dorf versammelte sich am nächsten Morgen bei der Schreinerei. Jeder wollte dem Ehepaar und ihrem ungeborenen Kind noch eine gute Reise wünschen. Naomi und Judith gaben Maria ihr Geschenk. „Maria, wir haben für dein Baby ein paar Windeln gewebt. Sie haben ein paar kleine Fehler, aber wir haben sie ganz allein gemacht." Maria staunte und bedankte sich: „Ihr habt sie selbst gewebt? Vielen, vielen Dank für diese kostbaren Windeln. Ich glaube, dass sie besonders wertvoll sind, weil ihr so viel Liebe mit hineingewebt habt. Ich hoffe, dass wir euch bald zeigen können, wie wohl unser Kind sich darin fühlt." Judith und Naomi strahlten über das ganze Gesicht und freuten sich über das Lob von Maria. Maria aber packte die Windeln gleich in die Körbe, die schon an Eli befestigt waren.

Da sah sie eine kleine Gruppe von Frauen auf sich zukommen. Sie erkannte Rebekka, Lydia und noch andere Frauen aus dem Dorf, die von Elieser begleitet wurden. Was sie wohl noch hier wollten? Sie taten so geheimnisvoll. Alle hielten ihre Hände hinter dem Rücken verschränkt. Als sie vor ihr standen, sagten sie beinahe im Chor: „Wir wünschen euch eine gute Reise – und kommt gesund wieder zurück."

Jede Frau brachte ein Geschenk zum Vorschein. So liebevoll bemalte Töpfe und

Schalen hatte Maria noch nie gesehen. Ihr stiegen die Tränen in die Augen. „Habt ihr die etwa alle für unser Kind gemacht?" Die Frauen nickten lächelnd. Rebekka war so gerührt von Marias Freude, dass auch sie merkte, wie ihr die Tränen in die Augen stiegen. Maria nahm die Geschenke entgegen und umarmte jede einzelne Geberin.

Doch Josef trieb Maria zur Eile. Er wollte nicht erst in der Mittagshitze loswandern. Sie wollten gerade aufbrechen, da bog der Schuhmacher um die Ecke. Er rief ihnen hinterher: „Wartet noch. Ich habe noch etwas für euch." Mit glänzenden Augen überreichte er Maria und Josef die kleinen Sandalen. „Ihr kommt sicher gesund zurück, und bis euer Kind laufen kann, wird es ja noch etwas dauern – aber Reisen sind unsicher und man weiß nie, wohin sie einen führen. Deshalb nehmt die Schuhe besser schon jetzt mit. Mögen die Wege eures Kindes gesegnet sein!", sagte der Schuhmacher und in seinen Augen standen Tränen. „Kommt gesund wieder und geht unter dem Segen unseres großen Gottes."

Maria und Josef wurde der Abschied sehr schwer. Würden sie schon bald wieder zu Hause sein? Würden sie zu dritt zurückkehren? So viel Ungewisses lag vor ihnen.

Sie verabschiedeten sich, und Maria setzte sich auf den guten alten Esel. Was würde das Morgen bringen? Sie gingen die steinige Straße entlang, Josef führte Eli. So bogen sie um die nächste Ecke, und in der Ferne vor ihnen lag der schneebedeckte Berg Hermon. Diesen Ausblick hatte Maria als kleines Mädchen schon geliebt. „In Gottes Hand sind die Tiefen der Erde, und die Höhen der Berge sind auch sein", murmelte sie vor sich hin. Sie kannte ja von klein auf die vielen Psalmen Israels. Schon als Kind liebte sie die Verse, die von der Größe Gottes sprachen, der über das weite Meer und über die Höhen der Berge herrscht. Wie groß musste Gott sein – viel größer noch als dieser Berg, der höchste Berg, den sie kannte. Unvorstellbar! Schon als Kind hatte sie darüber gestaunt.

Und dieser große Gott wollte sie nun begleiten. Dieser Gedanke gab Maria Kraft, wenn sie an die mühsame und anstrengende Reise dachte, die vor ihr lag. Mit Gott würden sie es schaffen! In sechs Tagen wollten sie schon in Bethlehem sein. Maria freute sich schon darauf, die Heimat ihres Mannes kennenzulernen. Sie war noch nie dort gewesen.

Die nächsten Stunden vergingen sehr langsam. Die Sonne brannte heiß vom Himmel, der Weg war staubig, und das Kind in ihrem Leib strampelte stärker denn je. Nach einiger Zeit machten sie eine kurze Rast.

Doch nachdem sie ein paar Bissen Brot gegessen und frisches Wasser getrunken hatten, mahnte Josef auch schon wieder zum Aufbruch. Er wollte noch an diesem Tag in die Nähe des Jordans kommen. Josef hatte sich dazu entschieden, die Route in der Nähe des Flusses zu nehmen. Dieser Weg war weniger mühsam als der über das Gebirge; außerdem brauchten sie nicht so viele Wasservorräte mitzuschleppen. Und auch für Eli, ihren Esel, würde immer genügend Wasser vorhanden sein.

# Im Jordantal

***Material:***
*blaues Tonpapier, blaues Transparentpapier, obere Kante in Wellenformat abschneiden, eventuell mit Stücken von einem blauen Müllsack hinterkleben. Eventuell kleine Fische aus Tonpapier ausschneiden und in einem „Fluss“ aus blauem Plastik (Müllsack) schwimmen lassen.*

Maria wusste gar nicht mehr, wie sie auf Eli sitzen sollte. Ihr Rücken tat ihr weh, und ihr Kind lag schwer wie ein Stein in ihrem Bauch. Sie hatte versucht, einige Meter zu gehen. Ihr fehlte aber die Kraft dazu. Die Sonne stand noch am Himmel, da sagte sie zu Josef: „Josef, bitte lass uns hier unser erstes Lager aufschlagen. Ich kann nicht mehr weiter!“ Josef knirschte etwas mit den Zähnen. „Ich hatte gehofft, wir würden es bis zum Ufer des Jordans schaffen. Es sind nur noch ein paar Meilen. Aber es muss nicht sein. Du brauchst für morgen wieder neue Kraft.“

So schlugen sie in einem kleinen steinigen Tal ihr Lager auf. Sie gaben Eli frisches Wasser und ließen ihn grasen. Josef sammelte Feuerholz und machte ein kleines wärmendes Feuer. Sie aßen ein bisschen von ihrem Brot und entdeckten eine kleine Quelle ganz in der Nähe, aus der sie frisches Wasser holten. Dann legten sie sich nieder. Maria war so erschöpft, dass sie trotz der Rückenschmerzen schnell einschlief.

Die Sonne weckte Maria und Josef am frühen Morgen mit ihren ersten Strahlen. Es lag eine kühle Frische über dem Tal. Maria sog die Luft ein. Diese ersten

Morgenstunden waren ihr auch in Nazareth am liebsten. Um diese Zeit ging sie jeden Morgen zum Brunnen, um Wasser zu holen. Auf diesem Gang begrüßte sie den Tag und dankte Gott für die Nacht. So sprach sie auch jetzt ein kurzes Dankgebet und bat Gott um genügend Kraft für den Tag. Fröhlich aß sie mit Josef noch ein paar Happen von ihrem Fladenbrot. Dann beluden sie Eli wieder mit ihren Körben. Maria streichelte noch einmal liebevoll das Tier. Der Esel musste eine schwere Last tragen. Vor allem würde es erst einmal noch ein Stückchen bergan gehen. Langsam zogen sie los.

Maria genoss den Duft der Zypressen und das Rascheln der Olivenbaumzweige. Sie staunte über Josef, ihren Mann. Er klagte nie, musste er doch schon den ganzen gestrigen Tag den Esel führen und bei der Hitze über Stock und Stein laufen. „Wie gut, dass er mein Mann ist und kein anderer", dachte sie.

Minute um Minute kroch dahin. Die Sonne stieg höher, und es wurde immer heißer. In Marias Bauch zog es, und sie hatte das Gefühl, nicht mehr länger auf dem Esel sitzen zu können. Wieder fragte sie: „Josef, mein lieber Mann, können wir nicht eine Pause machen?" Doch Josef schüttelte diesmal den Kopf. „Nein, wir haben es bald geschafft! Dann sind wir am Jordan. Dort kannst du deine Beine im Wasser erfrischen. Wir können dort besser rasten als hier auf dem Hügel. Hier in den Bergen ist es gefährlicher. Ich bin schon froh, dass wir eine ruhige letzte Nacht hatten. Aber ich würde lieber am Flussufer bleiben. Dort sind mehr Leute unterwegs."

Maria nickte und schickte ein Stoßgebet zum Himmel: „Gott, du Gnädiger, bitte, gib du mir Kraft!" Der Weg schien sich endlos dahinzuziehen. Maria war so erschöpft, dass sie fast auf dem Esel einschlief. Da rief Josef: „Maria, schau! Da liegt er – der Jordan. Wie lange habe ich ihn schon nicht mehr gesehen."

Josef hob Maria aus dem Sattel und umarmte sie. Gemeinsam schauten sie hinunter auf den glitzernden Fluss, der sich durch das Tal schlängelte. Eine große Freude erfüllte sie und ließ sie staunen, wie schön Gott diese Welt gemacht hatte. Langsam stiegen sie hinunter ins Tal und suchten sich in der Flussniederung eine schöne Stelle, um zu rasten.

# In Gefahr

***Material:***
*graues oder grünes Tonpapier, Transparentpapier, kleine Kiesel zur Verzierung, Leopard kopieren, übertragen, ausschneiden, aufkleben*

Josef und Maria kamen langsamer voran, als sie gedacht hatten. Immer wieder mussten sie Pausen machen, weil der Weg für Maria zu lang wurde, sie nicht mehr sitzen konnte und das Laufen ihr schwerfiel. Nun waren sie schon vier Tage unterwegs. Sie machten eine längere Pause um die Mittagszeit. Josef versuchte, im Fluss Fische zu fangen. Sie wollten ihr Fladenbrot noch etwas aufsparen und freuten sich auf einen frisch gebratenen Fisch. Josef war auch schnell erfolgreich. Bald duftete es an ihrer kleinen Feuerstelle herrlich nach frischem Fisch. Gut gestärkt zogen sie nach dem Mahl weiter. Maria genoss die Nähe zum Wasser, denn es brachte etwas Kühle in die heißen Tage.

Gegen Abend lagerten sie in der Nähe eines Dorfes unter einem großen Ölbaum. Früh am nächsten Morgen brachen sie auf, um ihren Weg nach Süden fortzusetzen. Nun begann eine schwierigere Wegstrecke, die sie wieder vom Fluss weg und in die Berge hinauf führen würde. Der Weg war oft steinig, sodass Elis Schritte langsamer wurden. Mühsam schleppten sie sich voran. Plötzlich flüsterte Maria: „Josef, halt an. Ich habe etwas Fauchen gehört." Eli wurde unruhig und trippelte von einem Huf auf den anderen. Josef hatte scharfe Augen. Er musterte die Büsche um sich herum. „Sei ganz leise, Maria,“ raunte er seiner Frau zu. Auch er hatte das Fauchen gehört.

Und da sah er das Raubtier. Ein Leopard lauerte einige Meter vor ihnen hinter einem Gebüsch. Das Tier hatte sie genau im Blick. Josef packte die Angst. Dieses Tier durfte seiner Frau und seinem ungeborenen Sohn nichts antun. Und er hatte nur seinen Stab – damit konnte er keinen Leoparden abwehren. Was sollte er tun? „Großer Gott, hilf uns, bitte!“, flehte Josef in seinem Inneren. Der Leopard spielte mit den Ohren, sein Schwanz ging unruhig hin und her. Die Hinterpfoten kauerten sich auf den steinigen Boden. Er setzte zum Sprung an. Josef schloss die Augen.

Doch nichts geschah. Josef und Maria schauten sich an. Wenige Schritte vor ihnen lag das Tier reglos am Boden. Hinter ihnen erklang ein Freudenschrei. „Getroffen! Gelobt sei Gott!“ Ein junger Mann trat hinter den Büschen am Wegrand hervor und verneigte sich leicht. „Ich grüße euch, Wanderer. Ich bin Daniel ben Ismael aus Kapernaum. Ich bin unterwegs nach Süden und wanderte gerade hinter euch, als ich euch stocken sah. Ich sah den Leoparden und konnte gerade noch einen spitzen Stein aufheben und ihn auf das Tier zielen. Ich habe zu Hause die Schafe meines Vaters gehütet. Ich weiß, wo man hinzielen muss. Ich habe das Tier an der Stirn getroffen, sodass es ohnmächtig wurde. Und mein Dolch kann nun den Leoparden unschädlich machen.“

Maria war fassungslos. Gott hatte ihr Gebet erhört. Er hatte sie tatsächlich gerettet. Aber der Schreck saß ihr noch in den Gliedern. Josef schaute Daniel an, immer noch sichtlich erschrocken, aber auch erleichtert: „Wie können wir dir nur danken?“

„Dankt Gott, dass ich gerade hier vorbeigekommen bin. Eigentlich wollte ich einen anderen Weg nehmen“, entgegnete Daniel. Sie reichten sich die Hände und verabschiedeten sich voneinander. Maria und Josef blieben stehen und dankten Gott an diesem Ort dafür, dass er sie so wunderbar bewahrt hatte.

# In Kaspars Palast

***Material:***
*farbiges Tonpapier, farbiges Transparentpapier, Glitzersteine oder Alufolie als Verzierung für das Haus. Eventuell Kuppeldach anbauen.*

Viele Tagesreisen weiter im Osten in der Nähe der Stadt Babylon lag Kaspar in seinem Palast im Bett und konnte nicht schlafen. Er war Sterndeuter, und er grübelte über ein Problem nach, für das er keine Lösung finden konnte. Schon seit mehreren Tagen hatte er am Himmel eine ungewöhnliche Beobachtung gemacht. Da bewegten sich mehrere Sterne aufeinander zu, als wollten sie miteinander verschmelzen. Was sollte das heißen? So etwas hatte er noch nie zuvor beobachtet. Er hatte in den alten Schriften der Sternkundigen nachgelesen, aber eine solche Erscheinung war nirgends beschrieben.

Er dachte an seine beiden Freunde, die er schon lange nicht mehr getroffen hatte. Ob Melchior und Balthasar diese Sternenkonstellation auch schon beobachtet hatten? Vielleicht hatten sie eine Erklärung dafür?

Er beschloss, gleich am Nachmittag ins Sternenhaus zu gehen. In Babylon gab es viele, die sich mit den Sternen auskannten, und viele Sterndeuter pflegten sich im Sternenhaus zu treffen. Vielleicht würde er ja dort seine beiden Freunde finden. Außerdem konnte man im Sternenhaus auch köstlich speisen. Wenn Kaspar seine Beobachtungen am Himmel machte, aß er kaum, weil er der Überzeugung war, dass ihn das Essen vom Denken und von der genauen Erforschung der Sterne abhalten würde. Aber als er an ein köstliches Mahl im Sternenhaus dachte, merkte er, wie ihm das Wasser im Munde zusammenlief.

Es war schon eine Weile her, seit er dort gewesen war. Er hatte sich in letzter Zeit ganz in seine Forschungen vertieft. Er beobachtete die Milchstraße und hatte einige interessante Veränderungen in der Konstellation einiger Sterne um die Milchstraße herum entdeckt. Das fesselte ihn. Nachts beobachtete er den Himmel, schrieb am Tag seine Beobachtungen auf und schlief dann noch ein wenig. Er hoffte, so unbekanntes und so neuartiges Wissen über den Sternenhimmel zu erforschen, dass er mit seinen Erkenntnissen die bedeutenden Sterndeuter, die es in Babylon gab, begeistern würde. Er wollte einmal zu den ganz Großen gehören. Von ihm sollte man noch lange nach seinem Tod reden. Ein bahnbrechender Wissenschaftler – ja, das würde er werden. Große Herrscher würden zu ihm kommen, um seinen Rat einzuholen. Kaspar merkte, wie er sich in Träumen verlor. Er rief sich zurück in die Gegenwart. Ärgerlich – genau jetzt, da er fast am Ende seiner Beobachtungen stand, kam diese neue Sternenkonstellation dazwischen. Sie lenkte ihn ab, denn er wollte unbedingt wissen, was es damit auf sich haben könnte.

Es war jetzt schon fast Morgen. Rasch zog er sich an. Er blätterte und suchte noch einmal etwas ziellos in seinen Büchern und Schriften. Vielleicht würde er ja doch noch einen Hinweis entdecken? Dann hätte er das Rätsel um diese neue Erscheinung gelöst! Aber auch nach einigen Stunden des Suchens hatte er noch nicht den kleinsten Hinweis gefunden. So eilte er schließlich ins Sternenhaus.

# In Melchiors Palast

***Material:***
*farbiges Tonpapier, farbiges Transparentpapier, Glitzersteine oder Alufolie als Verzierung für das Haus. Eventuell Kuppeldach anbauen.*

Melchior schritt in seinem Palast unruhig auf und ab und strich immer wieder an seinen Gewändern entlang. Das tat er immer, wenn er nachdachte. Er liebte das Gefühl von kühlender Seide zwischen den Fingern, und in heißen Nächten hatte er den Eindruck, dass mit den Fingern auch sein schwer nachdenkender Kopf gekühlt wurde. Melchior war von großer Statur, hatte ein markantes Gesicht und galt als der Sternkundige in Babylon, der immer mit der Mode ging und den besten Geschmack hatte. So verwunderte es auch nicht, dass er die teuersten Stoffe trug und die besten Schneider beauftragte. Er konnte es sich leisten, denn er war vermögend. Seine Schriften über seine Studien der Planeten Mars, Jupiter, Saturn und Venus hatten ihn vor einigen Jahren sogar über die Landesgrenzen von Babylon hinaus bekannt gemacht. So waren bei ihm häufig bedeutende Forscher zu Gast, mit denen er über seine neuesten Entdeckungen sprach und seine Schlussfolgerungen diskutierte. Ja, Melchior war ein geachteter Mann, der Ruhm und Ansehen genoss.

# 11. Tag

Aber am liebsten traf Melchior sich mit seinen Freunden Kaspar und Balthasar. Wenn sie zu dritt zusammensaßen, gab es nicht nur viel zu lachen, sondern seine Freunde beflügelten seine Forschungen und sein Nachdenken mehr als viele andere Gelehrte aus aller Welt.

So sehnte er sich auch jetzt danach, seine Freunde zu treffen. Hatte er doch die letzten Nächte fasziniert vor seinem Rohr gesessen und die Sterne angeschaut. Dabei hatte er besonders Jupiter und Saturn beobachtet. Sollte es wirklich wahr sein, dass er, Melchior, bedeutender Sterndeuter im erhabenen Babylon, es miterleben sollte, dass sich Jupiter und Saturn am Himmel trafen? Das war nur alle 794 Jahre der Fall. Aber es sah alles danach aus, dass diese beiden Planeten sich aufeinander zu bewegten. Und wenn dies der Fall war, was wollte der Himmel ihm damit sagen? War es nur Zufall?

Er musste unbedingt mit jemandem darüber reden. Er wollte seine Entdeckung aber im Sternenhaus nicht an die große Glocke hängen, denn wenn er sich getäuscht hätte, wäre es sehr peinlich. Trotzdem wollte er noch an diesem Tag zu dem Treffpunkt aller Sterndeuter von Babylon, um dort vielleicht auch Balthasar und Kaspar zu treffen. Vielleicht hatten sie ja auch diese seltsame Konstellation am Himmel beobachtet, und eventuell wusste Balthasar noch etwas aus den Büchern darüber. Balthasar war der belesenste und schlauste Mensch, den er je getroffen hatte. Immer, wenn er ihn in seinem Palast aufsuchte, fand er ihn mit seinem Lesekristall über alte Bücher gebeugt. Balthasar könnte ihm vielleicht auch die Bedeutung der Konstellation erklären und nachrechnen, ob 794 Jahre seit dem letzten Treffen der beiden Planeten vergangen waren.

Melchior zog sich seinen dunkelgrünen Mantel an, in den kleine silberne Sternzeichen eingewebt waren, und machte sich auf den Weg zum Sternenhaus.

# In Balthasars Palast

***Material:***
*farbiges Tonpapier, farbiges Transparentpapier, Glitzersteine oder Alufolie als Verzierung für das Haus. Eventuell Kuppeldach anbauen.*

Balthasar rannte in seinem Palast herum. Er fand seinen Beryll, seinen Lesekristall, einfach nicht. Als er vorhin über seinen Büchern saß, hatte er ihn noch um den Hals hängen gehabt, aber wo hatte er ihn nun hingelegt? Auf dem Schreibtisch lag er nicht, unter dem Tisch auch nicht, auf dem Kamin konnte er ihn auch nicht finden. Wo war er bloß? Ohne den geschliffenen Kristall, der ihm die kleinen Schriften vergrößerte, konnte er doch nicht weiterlesen, und er war gerade an einer so spannenden Stelle.

Er hatte herausgefunden, dass es verschiedene Bücher gab, in denen vom Aufgang eines besonderen Sterns oder eines Lichtes geredet wurde. Es wurde mehrmals in den Schriftrollen des Volkes Israel davon berichtet. Dort stand: „Es wird ein Stern aus Jakob aufgehen und ein Zepter aus Israel aufkommen" (4. Mose 24,17). In der Schriftrolle des Jesaja hatte er gelesen, dass ein Licht aufgehen sollte und Gott selbst erscheinen würde. Zu diesem Ereignis sollten Könige zu diesem Licht hinziehen. Auch bei den Römern hörte man immer wieder davon, dass ein neuer Stern aufgegangen sei, als der Kaiser Augustus geboren wurde.

Nun wollte Balthasar noch einer heißen Spur folgen: Es sollte auch Münzen geben, auf denen Herrscher abgebildet waren, die sich einen Stern auf den Kopf gesetzt hatten. Er hatte aber noch nicht herausgefunden, welche Herrscher das waren. Außerdem hatte er am Sternenhimmel in den letzten Tagen einen besonders hellen Stern beobachtet. Deshalb hatte er in seinen Büchern nachgeschaut, was dieser Stern bedeuten könnte.

Aber er konnte sich aus den Beobachtungen und seinen Entdeckungen aus den Büchern noch keinen Reim machen. Konnte es sein, dass dieser helle Stern, der plötzlich am Himmel aufgetaucht war, auf einen neugeborenen König oder Herrscher deuten wollte? Er wollte gern noch weiter in den Büchern forschen, aber der Beryll blieb verschwunden. „Beim dreimal verdunkelten Sternenhimmel!", murmelte er. „Das muss ein Zeichen sein!" Er zog seinen Umhang um und machte sich zum Sternenhaus auf. Denn ohne seine Sehhilfe konnte er nicht weiterlesen, und er wollte sich im Sternenhaus doch einmal umhören, ob er der Einzige war, der den neuen Stern entdeckt hatte. Das wäre ja eine Sensation!

# Im Sternenhaus

***Material:***
*farbiges Tonpapier,*
*farbiges Transparentpapier,*
*ausgeschnittene Sterne oder ausgestanzte Sternenfenster, die mit Transparentpapier hinterklebt werden. Ausgeschnittene Sterne zieren das Dach.*

Fast gleichzeitig kamen Kaspar, Melchior und Balthasar am Sternenhaus an. Die drei Freunde umarmten sich, freute sich doch jeder, den anderen zu sehen. Es war viel Betrieb an diesem Nachmittag. An vielen niedrigen Tischen saßen die Sternforscher Babylons zusammen. Sie diskutierten emsig, mal wurde es lauter, mal verstummte das Gespräch an einem Tisch. Es war immer eine besondere Stimmung im Sternenhaus. Der Geist der Wissenschaft hing wie eine belebende Wolke über den Tischen und schien die Gespräche zu durchfließen. Hier wurde in alten Schriften gelesen, wurden neueste Erkenntnisse ausgetauscht, in alten Schriften Spekulationen entwickelt und verworfen und Beobachtungen diskutiert. Diese Atmosphäre sogen die drei Freunde in sich auf. Sie zogen schnell ihre Mäntel aus und setzten sich um einen runden Tisch. Plötzlich verzog Balthasar sein Gesicht. Kaspar und Melchior schauten sich erstaunt an. Was hatte ihr Freund bloß plötzlich? Er war doch gerade noch in bester Laune gewesen. Balthasar rutschte auf seinem Kissen hin und her, und sein Gesichtsausdruck verriet, dass er Schmerzen hatte. Schließlich sprang er auf und entfernte sich rasch in Richtung des Ausgangs. Dabei murmelte er nur etwas wie: „Da fällt der mir doch glatt in mein Gewand.“ Kaspar und Melchior verstanden die Welt nicht mehr. So hatten sie ihren Freund noch nie erlebt. Kurz darauf sahen sie aber einen erleichterten Balthasar hinter den Säulen auftauchen und auf sich zukommen.

„Wie peinlich!", rief er aus. „Mein Lesekristall war mir in meine Gewänder gerutscht. Und beim Hinsetzen – na ja …" Die scharfen Kanten des Kristalls hatten sich deutlich bemerkbar gemacht. Balthasar musste in seinem Palast so vertieft in seine Forschungen gewesen sein, dass er es einfach nicht gemerkt hatte, dass sich der Stein von der Kette gelöst hatte. Wie gut, dass er ihn nicht auf dem Weg verloren hatte. Balthasar erklärte seinen Freunden die Situation. Diese lächelten kurz und wandten sich dann mit ganzer Aufmerksamkeit den neuen Erkenntnissen zu, die Balthasar vor ihnen ausbreitete: „Freunde, es ist so gut, euch hier zu treffen. Seit Tagen forsche ich in meinen Büchern nach Aussagen über einen hellen Stern, der seit alter Zeit vorhergesagt wird."

„Nach einem hellen Stern?", riefen Kaspar und Melchior fast wie aus einem Mund. Melchior übernahm das Wort und strich aufgeregt seine weinrote Seidentunika glatt. „Auch ich habe eine helle Erscheinung beobachtet und frage mich, ob es sich bei diesem Himmelslicht um das einzigartige Zusammentreffen von Saturn und Jupiter handelt?"

„Und ich dachte, dass sich nicht Planeten, sondern einfach mehrere Sterne aufeinander zu bewegen", entgegnete Kaspar. „Bist du dir sicher, dass es sich um Jupiter und Saturn handelt?"

Und so tauschten die drei Freunde ihre Entdeckungen aus. Sie waren sich nicht sicher, ob die Stellen aus den heiligen Schriften der Juden zu den beobachteten Konstellationen am Himmel passten. Sie waren sich aber einig, dass sie der Sache auf den Grund gehen wollten. Sie spürten in ihrem Herzen, dass sie vor einer großartigen Entdeckung standen.

Aber wie sollten sie weiter vorgehen? Balthasar schlug vor, doch noch andere Sterndeuter zu einer Konferenz zusammenzurufen und gemeinsam über die neue Erscheinung zu sprechen.

Doch Kaspar und Melchior waren anderer Ansicht. Für Melchior stand fest: „Ich reise so bald wie möglich nach Israel und höre mich dort um, ob ein neuer König zu finden ist. Wie wär's – wollt ihr nicht mitkommen? Auf einer solchen Reise können wir endlich mal wieder ausgiebig über all das sprechen, was jeder von uns inzwischen in den Sternen entdeckt hat."

Den anderen beiden rauchten die Köpfe. Sie konnten doch nicht einfach ihre Sachen zusammenpacken, ihre Forschungen stehen und liegen lassen und sich auf die Kamele setzen!

Kaspar schlug vor: „Lass uns zuerst ein großes Abendessen bereiten und noch einige Sternenkundige dazu einladen. Dann können wir, wenn sie nicht weiterwissen, immer noch losreiten."

Melchior gefiel der Gedanke überhaupt nicht. „Dann wissen es alle, und wir können unsere Entdeckung nicht als Sensation preisgeben, über die alle staunen. Ich reite los. Wir können uns morgen bei Sonnenaufgang am Sternenhaus treffen. Jeder mit seinem Kamel und Gepäck im Schlepptau. Nun, kommt ihr mit?"

Balthasar und Kaspar kannten ihren Freund sehr gut. Sie wussten, wenn er sich einmal einen Entschluss in den Kopf gesetzt hatte, dann konnte man ihn nicht umstimmen. Sie wollten ihren Freund auch nicht allein ins Ungewisse reisen lassen. So willigten sie ein. Aufgeregt ging jeder in seinen Palast zurück.

# Die Kamele werden gesattelt

***Material:***
*blaues Tonpapier, gelbes Transparentpapier, Kamele ausschneiden*

In Balthasar sträubte sich alles. Warum musste Melchior nur eine so unbequeme Idee haben? Er wollte tatsächlich diesem Stern folgen. Dabei hatten sie doch keinerlei Anhaltspunkte. Er selbst – nein, er hätte viel lieber noch in seinen Büchern geforscht. Schließlich konnte man nicht auf bloße Vermutungen hin eine solche Reise unternehmen. Sicher hätte er bald noch viel mehr über einen neuen König bei den Juden herausgefunden. Wenn man ihm nur Zeit lassen würde! Stattdessen hastete er nun in seinem Palast herum und musste für eine lange Reise ins Ungewisse packen. Israel war weit, und sie hatten keine Ahnung, wohin sie der Stern führen würde. Sie wollten erst einmal nach Jerusalem, in die Hauptstadt, reisen. Balthasar dachte an all die Gefahren, die auf sie lauerten. Sie würden ganz sicher mindestens drei Wochen unterwegs sein, bevor sie Israel erreichten, und dann würden sie die ganze Strecke zurückreisen müssen. Und das alles vielleicht für nichts und wieder nichts. Es war einfach eine verrückte Idee.

# 14. Tag

Trotzdem – oder einfach, weil ihn die Neugierde dazu trieb –, packte Balthasar seine Sachen zusammen. Welche Bücher sollte er nur mitnehmen? Auf die Schriftrollen von Jesaja konnte er nicht verzichten, auf die antiken Schriften aber auch nicht. Eine Landkarte brauchte er auch. Außerdem vielleicht noch das Empfehlungsschreiben des babylonischen Großkönigs – schließlich war er königlicher Hofastrologe. Und wenn man einen König finden wollte, konnte so ein Dokument ganz sicher nicht schaden. Und so stellte er nach und nach zusammen, was er für die Reise für unverzichtbar hielt. Es kam eine lange Liste dabei heraus.

Auch Kaspar machte sich sofort ans Packen. Mit seinen Dienern stand er verzweifelt in der Küche. Kaspar aß für sein Leben gern und überlegte nun angestrengt, was er alles mitnehmen und auf sein Kamel laden sollte. Sollte er getrockneten Schinken, ausgereiften Käse und einige delikate Weine mitnehmen? Oder lieber einige Säckchen mit Reis, ein Fass Olivenöl, das frische Dattelmus und die Karaffe mit Traubensaft? Das wog aber alles sehr viel. Kleidung brauchte er schließlich auch – er konnte ja nicht gut im verstaubten Reisemantel vor einen neuen König treten. Da musste es schon etwas Eleganteres sein. Er packte zusammen, was er für nötig hielt, und stand bald mit fünf vollen Taschen vor seinem Kamel. Wo sollte er dies alles nur unterbringen? Schweren Herzens lud er zwei Weinflaschen wieder ab, kramte hier, packte um. Aber es wollte nicht passen. Da kam ihm eine Idee …

Währenddessen wartete Melchior ungeduldig mit seinem Kamel am Sternenhaus, dem verabredeten Treffpunkt. Ihn trieb die Ungeduld. Er wollte dem Geheimnis des Sterns und des neuen Herrschers endlich auf den Grund gehen. Er hatte schnell ein paar Sachen zusammengeworfen – bequeme, aber elegante Reisekleidung – und sie auf sein Kamel geladen. Sie konnten sicher unterwegs etwas zum Essen finden – Märkte gab es schließlich in jeder Stadt. Geld hatte er genügend dabei. Er hatte nur ein bisschen Brot, Früchte und einen großen Wasserkrug als Proviant mitgenommen. Wer weiß, vielleicht würden sie ja den König finden und könnten als Sternenkundige in seine Dienste treten. Dann würden sie sowieso neu eingekleidet – und zu essen gab es am königlichen Hof immer genug. Wo seine Freunde nur blieben? Er hätte doch allein reisen sollen! Warum hatte er nur seine Freunde überredet, ihn zu begleiten?

Zwei Stunden später sah er in der Ferne drei voll bepackte Kamele auf das Sternenhaus zusteuern. Moment, warum waren es denn drei? Er hatte schon so lange gewartet, dass er vor Ungeduld und Ärger fast kochte. Und nun kamen die beiden auch noch mit einem dritten Kamel an, das die Reise verlangsamen würde und auf das man auch noch aufpassen musste!

# Zwischen Babylon und Jerusalem

***Material:***
*gelber Fotokarton, gelbes Transparentpapier, Sand, doppelseitiges Klebeband.*
*Ein Fenster oder eine Seite des Hauses wird mit dem Klebeband beklebt und auf der Außenseite der Sand aufgestreut.*

Nachdem Melchior seinem Ärger Luft gemacht hatte, machten sich die drei Sterndeuter tatsächlich auf den Weg – einem unbekannten Ziel entgegen. Kaspar schwärmte Melchior vor, welch köstliche Speisen er ihnen unterwegs zubereiten wollte und dass es daher unumgänglich gewesen sei, ein weiteres Kamel mitzunehmen. Allmählich war Melchiors Ärger verflogen. Nun ritt man einvernehmlich Seite an Seite durch den sonnigen Morgen. Die Kamele trugen die hohen Herren einem spannenden Abenteuer entgegen.

Am Anfang war der Weg noch sehr gemütlich, und die Kamele trugen ihre teure Last ohne Probleme gen Westen. Allmählich ließen sie die große Stadt hinter sich, dann auch die Dörfer und Felder. Einige Tage waren sie der Karawanenstraße nun schon gefolgt. Jetzt lag der längste Teil ihres Weges vor ihnen: die Wüste.

Schon einige Stunden waren sie an diesem Tag auf dem schattenlosen Karawanenpfad unterwegs. Die Sonne brannte ihnen auf den Kopf und blendete die Augen. Einfach nur auf dem Kamel zu sitzen war schon anstrengend. In der größten Mittagshitze sagte Kaspar plötzlich: „So, hier halten wir an. Ich habe Hunger."

Melchior und Balthasar verschlug es fast die Sprache. „Willst du hier ein Käsefondue machen, Kaspar? Die Sonne brennt uns so heiß auf den Kopf, dass der Käse beim bloßen Hinschauen schon schmelzen wird. Dann essen wir gegrillten Kaspar dazu", lachte Balthasar. „Lasst uns warten, bis es Abend wird. Vielleicht finden wir ja auch eine schöne Oase in der Wüste. Frisches Grün wäre eine Wohltat für meine Augen, die seit Tagen nichts anderes als weißen Sand oder Steine gesehen haben. Wer wollte sich noch auf den Weg machen? Ich muss ein Idiot gewesen sein, dass ich mich auf diese Reise eingelassen habe. In meinem Palast könnte ich jetzt schön im Schatten an meinem Schreibtisch sitzen und nachts mein müdes Haupt auf mein wunderschönes Bett legen."

Melchior runzelte die Stirn und sagte: „Ihr werdet noch staunen. Ich bin fest davon überzeugt, dass wir noch ein Wunder erleben." Die anderen sagten nichts dazu. Aber in ihren Gesichtern konnte man lesen, was sie dachten …

Weiter ging die Reise, die Sonne brannte, und die Kamele schaukelten die drei weisen Männer fast in den Schlaf. Plötzlich rief Balthasar aus: „Da! Ich sehe eine grüne Insel am Horizont." Kaspar und Melchior rissen ihre Augen auf. Kaspar entgegnete: „Ich glaube, du siehst eher eine Fata Morgana! Du willst uns an der Nase herumführen. Lass die Witze!" Balthasar war eingeschnappt. Er sah etwas Grünes in der Ferne, und das war garantiert keine Einbildung.

# In der Oase

***Material:***
*grüner Fotokarton, grünes Transparentpapier, braunes Tonpapier für den Stamm einer Palme oder für einen Brunnen. Vorlagen kopieren, übertragen, ausschneiden und aufkleben.*

Es dauerte noch einige Minuten, bis auch Kaspar und Melchior die grüne „Insel" am Horizont erkennen konnten. Balthasar hatte die Oase dank seines Sehkristalles tatsächlich schärfer und früher entdeckt. Die drei Sterndeuter jubelten. „Oh, endlich frisches, kühles, klares, belebendes Brunnenwasser!", rief Melchior. „Und endlich Schatten für meinen erhitzten Kopf!", frohlockte Balthasar. „Riecht ihr nicht schon die guten Düfte eines leckeren Mahles, das den Gaumen erfreut und den Magen füllt?", schwelgte Kaspar. Sie trieben ihre Kamele an und konnten ihre Ankunft gar nicht erwarten.

Sie hatten sich nicht zu früh gefreut. Die Oase in der Wüste bot ihnen kühles Wasser und lindernden Schatten – und außerdem noch frische Datteln an den Palmen. Es war ein guter Ort für eine längere Rast. Überaus glücklich trafen sie sich abends an der Feuerstelle. Sie wollten gemeinsam ihren Stern suchen und beobach-

# 16. Tag

ten, denn in den letzten Nächten hatten sie nach der anstrengenden Reise nur mit Mühe die Augen offen halten können. Es wurde dunkel, und heller denn je sahen sie den großen Stern leuchten. Er hatte eine enorme Leuchtkraft. „Sagt mal, träume ich oder seht ihr es auch: Der Stern wandert!?", fragte Balthasar ganz aufgeregt. „Ja, ich sehe es auch. Kein Zweifel: Er zieht ganz langsam gen Westen", antwortete Kaspar. „Freunde, wir sind auf dem richtigen Weg. Der Stern wandert in die Richtung, in die wir die letzten Tage auch gezogen sind. Er wird uns auch unseren weiteren Weg zeigen." Balthasar war voller Freude und Begeisterung. Das hatte es noch nie zuvor gegeben: ein wandernder Stern, der mit seiner Helligkeit alle anderen überstrahlte. Die drei Freunde waren sich einig: In Israel musste ein großer Herrscher geboren worden sein, ein Herrscher, dem sogar die Sterne untertan waren. Diesem König wollten sie auch die Ehre erweisen.

Am nächsten Tag machten sie sich gestärkt und ausgeruht auf den Weg. Sie hatten noch mehrere Tagesreisen vor sich. Aber sie waren sich sicher, dass sie auf dem richtigen Weg waren.

# Auf der Suche nach einer Herberge

***Material:***
*farbiges Tonpapier,*
*farbiges Transparentpapier,*
*Schild: Zur Sonne*

Maria und Josef waren nun schon sechs Tage unterwegs. Sie hatten öfter und längere Pausen machen müssen, als sie eigentlich geplant hatten. Aber Maria hatte immer wieder so starke Schmerzen, dass nur eine längere Pause den Schmerz lindern konnte. Sollten das schon erste Wehen sein? Maria war jetzt sehr besorgt. Sie wollten ihr erstes Kind nicht in der Fremde bekommen. Wo sollte sie es hinlegen? Die Wiege, die Josef gebaut hatte, stand zu Hause in Nazareth.

Als sie wieder einmal über eine Anhöhe kamen, rief Josef plötzlich: „Schau, Maria, dort liegt es – Jerusalem. In einem halben Tag sind wir am Ziel unserer Reise." Maria war erleichtert. Vor ihnen erstrahlten die Dächer von Jerusalem in der Mittagssonne. Und über allen erhob sich prachtvoll und strahlend der Tempel mit seinen gewaltigen Mauern. Es war ein beeindruckender Anblick. Ja, diese Stadt war wirklich eine Reise wert. Doch heute wollten sie an der Außenmauer der Stadt vorbeiziehen, um so schnell wie möglich in das nahe gelegene Bethlehem zu kommen. Hatte Josef sich erst in seinem Heimatdorf gemeldet, konnten sie umgehend

wieder nach Hause reisen, und Maria konnte ihren Sohn dort zur Welt bringen.

Wieder durchzog ein heftiger Schmerz ihren Körper. „Josef, lass uns anhalten. Ich kann nicht weiter." Josef hielt den Esel an und hob seine Frau sanft auf den Boden. Maria holte tief Luft. Sie war ganz weiß im Gesicht. Es tat gut, sich für kurze Zeit lang auf dem Boden ausstrecken zu können. So bekam Maria besser Luft. Nach ein paar Minuten sagte sie: „Nun geht es wieder. Danke, Josef. Hoffentlich finden wir in Bethlehem eine gute Herberge."

Josef war in Sorge. Er war Zimmermann, aber er war ganz sicher keine Hebamme. Das sollte Gott doch nicht von ihm verlangen, dass sein Sohn hier auf der Straße zur Welt kommen würde. „Schnell, voran!", trieb er Eli, den Esel, an. Sie hatten keine Zeit mehr zu verlieren. Eli schien die Sorge von Maria und Josef zu spüren. Er trabte schneller als in den letzten Tagen, sodass sie schon am Nachmittag vor den Toren Bethlehems standen.

Unterwegs hatte Josef Maria immer wieder von dem Esel heben müssen, weil sie solche Schmerzen hatte. „Josef, hilf mir. Ich glaube, es geht los. Unser Kind will kommen." Maria sank auf Eli mit schmerzverzerrtem Gesicht zusammen. „Halte durch, Maria", rief Josef aufgeregt. „Wir sind gleich in Bethlehem. Dort finden wir eine Herberge, und du kannst dich hinlegen. Er sah seine Frau voller Sorge an, nahm sie auf seine starken Arme und ließ Eli nebenhertraben.

Gleich am Eingang des Ortes lag die Herberge „Zur Sonne". Josef lief geradewegs darauf zu und klopfte laut an die Türe. Ein kleines Fenster wurde geöffnet, und eine Stimme fragte: „Was wollt ihr? Wir haben keinen Platz mehr. Alle Zimmer sind besetzt." „Aber meine Frau bekommt ihr Kind. Sie hat Schmerzen. Ihr könnt uns doch nicht einfach abweisen." Doch das Fenster schloss sich, und die Türe wurde nicht geöffnet.

Josef geriet nun ernsthaft in Sorge. Seine Frau brauchte Ruhe. Sie stöhnte immer wieder auf seinen Armen, und Schweißperlen rannen ihr die Stirn herunter. Schnell lief Josef mit ihr zur nächsten Herberge und klopfte. Es war die Herberge „Zum freundlichen Wort", die er noch von früher kannte.

# Die Herberge „Zum freundlichen Wort“

***Material:***
*farbiges Tonpapier,*
*farbiges Transparentpapier,*
*Schild: Zum freundlichen Wort.*

Die Tür der Herberge „Zum freundlichen Wort“ öffnete sich, und eine junge Frau schaute heraus.

„Was wollt ihr?“, fragte sie freundlich.

Josef antwortete: „Bitte, gebt uns ein Zimmer. Meine Frau braucht Ruhe. Wir wissen nicht genau, ob die Geburt beginnt. Aber sie klagt immer wieder über heftige Schmerzen.“

„Kommt erst einmal herein. Ihr könnt euch im Innenhof ein wenig ausruhen.“

Josef und Maria atmeten auf. Sie banden Eli neben dem Eingangstor an und schleppten sich in den Innenhof. Die junge Frau brachte ihnen Wasser zum Trinken und etwas Fladenbrot.

„Nun stärkt euch erst einmal. Leider habe ich keine gute Nachricht: Wir haben auch kein einziges Bett mehr frei. Wenn ihr euch erfrischt habt, müsst ihr weiterziehen. Ich kenne eine nette Familie am Ortsrand in der Nähe des Osttores. Sie haben einen Stall etwas weiter draußen, der sonst auch von Hirten genutzt wird.

# 18. Tag

Hier im Ort sind alle Herbergen belegt, aber vielleicht findet ihr dort ein Dach über dem Kopf und etwas Wärme. Fragt nach Davids Haus und sagt, dass ich euch geschickt habe."

„Vielen Dank, du bist sehr freundlich", sagte Maria und drückte die Hand der Frau. Da durchzog sie wieder eine Welle des Schmerzes. Sie sank in sich zusammen. Josef stützte sie, nahm Eli am Zügel. So schleppten sie sich mühsam an den Rand des Dorfes, wo sie nach dem Haus von David fragten. Maria wusste, ihr Kind würde noch in dieser Nacht auf die Welt kommen.

Nachdem die nächste Wehe vorbei war, rief sie Josef zu: „Schnell, Josef, lauf voraus und frage bei David um einen Unterschlupf. Ich kann nicht mehr weiterziehen. Unser Kind möchte tatsächlich in Bethlehem geboren werden."

Nur ungern ließ Josef seine Frau in diesem Zustand allein. Aber das Haus von David konnte nicht mehr weit weg sein. Er rannte um die nächste Ecke, und da sah er schon kleine Kinder vor dem Haus in der Abenddämmerung spielen. Ein kleines Mädchen reichte ihm die Hand. „Guten Tag", sagte sie. „Ich bin Hannah. Was suchst du denn?" Josef fragte Hannah nach ihren Eltern. Sie rannte ins Haus – dieser Mann sah so aus, als hätte er tatsächlich Hilfe dringend nötig.

Drinnen ließ Hannahs Mutter Sarah die Wäsche, die sie gerade spülen wollte, in den Zuber zurückgleiten und eilte nach draußen. Josef begrüßte sie höflich und erklärte ihr rasch, in welcher Lage er und Maria sich befanden. Sarah handelte sofort, gab Hannah noch einen Eimer mit heißem Wasser für die mögliche Geburt in die Hand und bat ihre Tochter, die Fremden zu ihrem Stall zu begleiten.

So liefen Josef und Hannah gemeinsam zu Maria. Josef hob seine Frau auf die Arme und trug sie vorsichtig, während Hannah mit der einen Hand den Wassereimer trug und mit der anderen Eli führte. Es war höchste Eile geboten. Halb rennend, halb stolpernd wanderten sie noch einige Minuten über Felder, bis sie an einem Stall ankamen. Ein Ochse stand darin und muhte genüsslich, als er die kleine Gruppe kommen sah. Auch Eli wurde von Hannah in den Stall geführt und freute sich über das frische Heu und eine lange Rast. Vorsichtig bettete Josef Maria in das bereitliegende Stroh.

# Bei den Hirten auf dem Feld

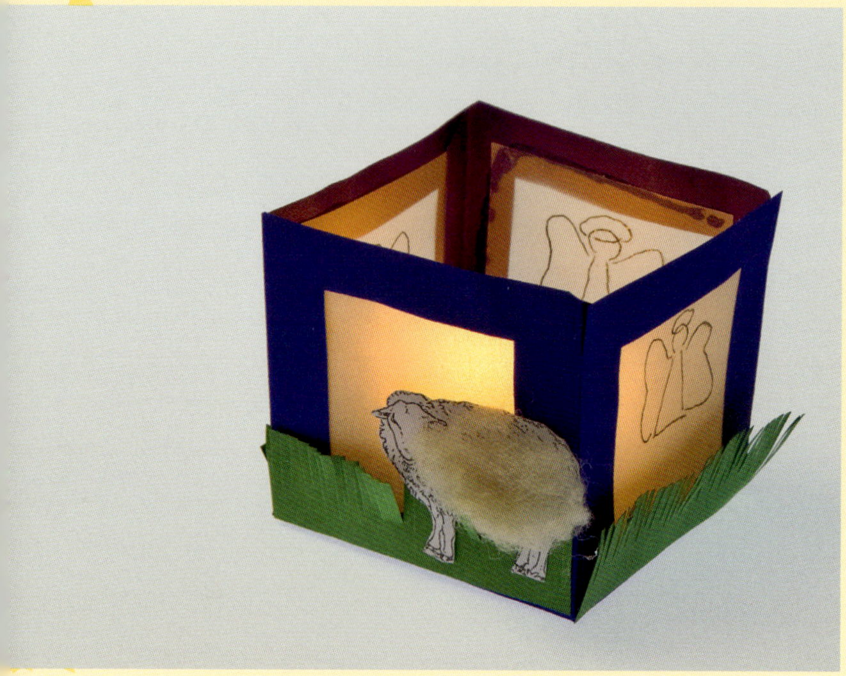

***Material:***
*grünes Tonpapier, grünes Transparentpapier, etwas Schafwolle. Schaf aus der Vorlage kopieren, übertragen, ausschneiden, ggf. mehrfach. Schafe zum Häuschen stellen oder aufkleben, Schafwolle aufkleben.*

Benjamin setzte sich mit den anderen drei Hirten ans Feuer. Sie hatten die Schafe für die Nacht zusammengetrieben und versammelten sich wie jeden Abend noch am Lagerfeuer. „Was für eine dunkle Nacht heute ist. Fast gespenstisch“, sagte Levi, der Jüngste.

„Ja, aber seht einmal. Dort drüben, nicht weit von hier, leuchtet ein ganz heller Stern. Merkwürdig. Es sind kaum andere Sterne zu sehen, aber dieser leuchtet strahlend hell – als wolle er auf eine ganz bestimmte Stelle herunterscheinen“, meinte Benjamin.

„Könnte fast da hinten an dem Stall sein, der David und seiner Familie gehört“, vermutete Levi. „Seltsam, so etwas habe ich noch nie gesehen.“

Sie rätselten noch ein bisschen, was es mit dem Stern wohl auf sich hatte, und wollten sich gerade zur Ruhe legen, als ein strahlend helles Licht sie blendete. Wer nicht schon auf seinem Schaffell lag, der fiel nun nieder und bedeckte seine Augen mit den Händen.

Angst überfiel die vier Hirten. Da hörten sie eine helle Stimme: „Fürchtet euch nicht, denn euch ist heute der Retter geboren. Ihr findet ihn in Windeln gewickelt in einer Krippe liegen."

Die Hirten schauten staunend hinauf ins Licht. War das wirklich ein Engel, der da zu ihnen sprach? Ein Engel, der ihnen diese unglaubliche Botschaft überbracht hatte? Für sie sollte der Retter geboren worden sein? Sie gehörten doch zu den Leuten ohne Ansehen. Um sie kümmerte sich doch niemand. Hirten wurden ausgestoßen und lebten entfernt von den Dörfern bei ihren Schafen. Was musste das für ein Retter sein, der für Menschen wie sie, die Hirten, auf die Welt gekommen war?!

Und während sie noch fragten und staunten, wurde der Glanz am Himmel noch heller, und sie sahen eine große Zahl von Engeln, die mit Schellen, Trompeten und Geigen eine unbeschreibliche Musik spielten. Dazu sangen sie: „Ehre sei Gott in der Höhe und Frieden auf Erden!"

So etwas Schönes und Atemberaubendes hatten die Hirten noch nie gehört. Die Musik steckte an, sodass sie am liebsten mitgesungen hätten. Sie wollten aufspringen und mit den Engeln tanzen. Doch da war plötzlich wieder tiefste, dunkelste Nacht um sie herum. Die Engel waren verschwunden. Doch in den Herzen der Hirten war eine große Freude und eine Wärme zurückgeblieben, wie sie sie nie zuvor gespürt hatten. Sie wollten sofort zu dem neugeborenen Retter laufen, wollten ihn anbeten und ihm sagen, wie sehr sie sich freuten, dass er zu ihnen kam.

Nun wussten sie, was es mit dem hellen Stern auf sich hatte. Er zeigte ihnen den Weg zum Retter der Welt.

# Auf der Suche nach einem passenden Geschenk

***Material:***
*farbiges Tonpapier, grünes Transparentpapier, etwas Schafwolle oder Watte, Schaf aus der Vorlage.*

Die Hirten wollten so schnell wie möglich zu dem neugeborenen Kind eilen. Der Engel hatte davon gesprochen, dass es ein Retter sein sollte. Sie überlegten sich, wie denn ein Retter wohl aussehen würde. Eigentlich müsste er wohl eine Rüstung tragen, um gegen die Römer kämpfen zu können. Aber da war gerade ein kleines Baby geboren. Wie passte das wohl zusammen?

Mitten in ihre Überlegungen hinein rief Benjamin: „Aber wir können doch nicht ohne Geschenk zu einem Kind, Retter, König oder … ist ja auch egal, laufen."

Die drei anderen gaben Benjamin recht. Was konnten sie nur als Geschenk mitnehmen?

Geld? Sie hatten selber kaum welches. Jeder kramte in seiner Tasche. So brachten sie vier fast wertlose Geldstücke zu-

20. Tag

sammen. Sie waren sich einig: Für einen König war dieses Geschenk wohl nicht angebracht.

Levi dachte angestrengt nach. Er war zwar der Jüngste, aber er war nicht auf den Kopf gefallen. „Wenn es ein König ist, der seine Geburt durch himmlische Boten uns Hirten verkündigt, dann ist es kein normaler König, der da geboren worden ist. Sondern es muss sich um einen göttlichen König handeln. Das heißt, dass er erst recht kein Geld braucht. Aber worüber würde sich ein himmlischer König denn sonst freuen?"

„Du hast recht Levi," sagte Benjamin. „Der Engel hat gesagt: ‚Euch ist heute der Retter geboren.' Das heißt, er ist tatsächlich für uns auf die Welt gekommen. Er ist also ein Geschenk an uns. Wir brauchen ihm gar kein Geschenk mitbringen. Er will nur, dass wir zu ihm kommen. Oder was meint ihr?"

„Ja, da könntest du recht haben. Aber hast du das schon mal erlebt, dass jemand etwas für dich getan hat oder dir einfach so etwas geschenkt hat – ohne Hintergedanken?", fragten die anderen.

„Hintergedanken her oder hin", antwortete Levi. Ich möchte diesen Retter kennenlernen. Wenn er uns doch extra einen Chor von Engeln schickt, um uns wissen zu lassen, dass er geboren worden ist ...! Ich folge dem Stern."

Benjamin schloss sich Levi an, rannte aber rasch noch einmal zu dem Platz zurück, an dem er vorher gelegen hatte, um zu schlafen. Dort lag sein Schaffell, dass ihn schon so oft gewärmt hatte und das er so sehr liebte. Er dachte: „Wenn sich ein Retter um mich kümmert und ich ihm wichtig bin, dann will ich ihm dafür Danke sagen. Ich schenke ihm mein Schaffell." Zufrieden rollte er es zusammen und rannte hinter den anderen her.

# Unterwegs zum Palast des Herodes

***Material:***
*farbiges Tonpapier oder glänzender Karton, farbiges Transparentpapier, zusätzliche Burgzinnen ankleben und darauf Glitzersteine kleben.*

Nach mehr als drei Wochen Reisezeit lag nun das lang ersehnte Jerusalem vor den Augen von Kaspar, Melchior und Balthasar. Eine dicke Stadtmauer umgab die Stadt, die schon seit vielen Jahren von Römern besetzt war. Die Römer sorgten für Recht und Ordnung in Israel, unterdrückten aber auch die Juden, sodass sie hohe Abgaben an den römischen Kaiser zahlen mussten. Darüber hatten die drei Sterndeuter schon viele leidvolle Geschichten von Reisenden gehört. Trotzdem entglitt Kaspar ein leiser Pfiff, als er die berühmte Stadt mit dem riesigen königlichen Palast und der hoch aufragenden Tempelmauer nun so nah vor sich liegen sah. Allein für diesen Anblick hatte sich die weite Reise gelohnt! Sicher würde er hier auf den Märkten viele Leckereien und landestypische Lebensmittel einkaufen können. Beim Gedanken daran lief ihm das Wasser im Mund zusammen.

# 21. Tag

Melchior und Balthasar schreckten Kaspar aus seinen Träumen.

„Kaspar, nun sag doch auch einmal, was wir tun sollen!", nörgelte Melchior.

„Der Stern ist in den letzten Nächten immer heller geworden und hat uns geradewegs hierher nach Jerusalem geführt. Wenn ein König geboren worden sein soll, dann müsste er doch im königlichen Palast zu finden sein."

Kaspar nickte. Hauptsache, er kam von seinem Kamel herunter und konnte sich die Stadt ein bisschen anschauen! So stiegen die drei weit gereisten Männer von ihren Kamelen und schritten auf das Stadttor zu.

Sofort versperrte ihnen ein Soldat den Weg: „Was wollt ihr hier? Wollt ihr Ware in die Stadt einführen? Dann müsst ihr Zoll zahlen."

Balthasar antwortete ruhig: „Wir sind Reisende, die den König besuchen wollen. Könnt Ihr uns zu ihm führen?"

Der Soldat musterte sie. Die drei waren sehr gut gekleidet und sahen wohlhabend aus. Es war nicht unwahrscheinlich, dass sie am Hof des Herodes empfangen werden würden. Wer wußte schon, welche Nachrichten sie zu übermitteln hatten? Vielleicht konnte er ja auf dem Weg wichtige Neuigkeiten aufschnappen und sie in der Stadt verbreiten. Er schritt also voran und führte die drei Fremden zum Palast des Herodes.

# Audienz beim König

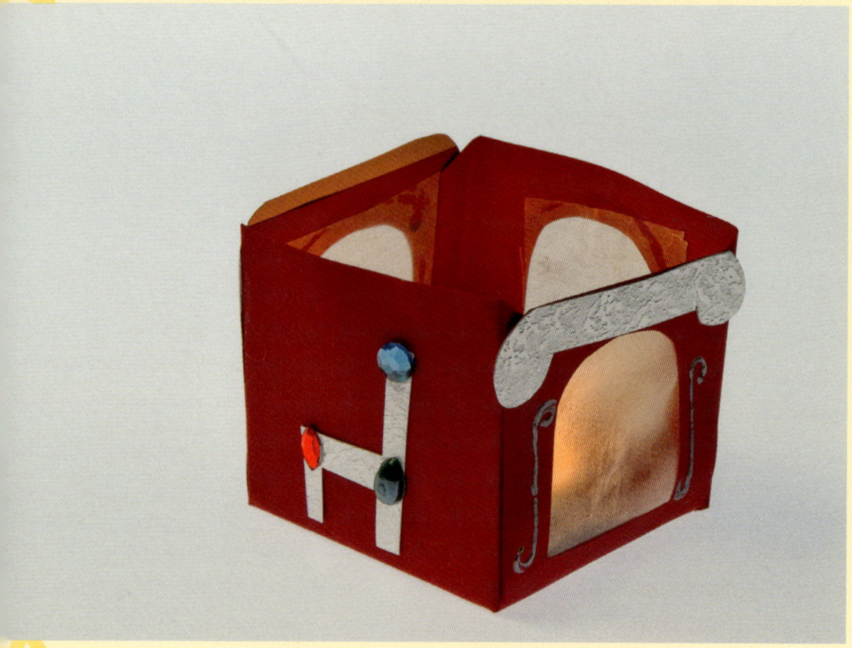

***Material:***
*farbiges Tonpapier, Goldpapier zum Verzieren der Wände, farbiges Transparentpapier, Zinnen mit Verzierung.*

Herodes war gerade mitten in einer Besprechung mit dem Rat der weisesten Männer aus seinem Königreich. Einige von ihnen hatten nämlich einen ungewöhnlich hellen Stern beobachtet und erörterten gerade, welche Bedeutung dieser Stern wohl haben könnte. Gerade nahm das Gespräch für Herodes eine ungute Wendung, denn der Rat vermutete, dass der Stern ein Zeichen sein könne, dass ein neuer bedeutender Herrscher geboren worden sein könnte.

„Aber ich, Herodes, bin doch an der Macht. Ich bin der König des Landes, und ich will es auch bleiben, bis zu meinem Tod", dachte Herodes im Stillen. Da sollte kein anderer seinen Thron besteigen. Er wurde unruhig. Ein anderer König war gefährlich. Er müsste sofort beiseitegeschafft werden. Wenn es ihn denn gab. Aufmerksam verfolgte Herodes das Gespräch seiner Berater. Mitten in seine Überlegungen hinein kam ein Diener mit einer Meldung.

„Majestät, im Audienzzimmer steht ein Soldat mit drei hohen Herren. Sie behaupten, sie kämen aus Babylon und seien

Sterndeuter. Sie würden gerne den neugeborenen König begrüßen und ehren."

Herodes sprang mit einem Satz auf.

„Führt sie sofort herein," befahl er.

So traten Kaspar, Melchior und Balthasar vor den König und verneigten sich tief. Sie waren beeindruckt von dem prunkvollen Palast und standen staunend vor Herodes.

„Seid gegrüßt, ihr edlen Herren. Man sagte mir, ihr kommt aus dem Osten?!", richtete Herodes seine ersten Worte an Kaspar, Melchior und Balthasar.

Die drei weisen Himmelskundigen erhoben sich. Balthasar antwortete: „So ist es, edler König. Ja, wir kommen aus der Nähe von Babylon und sind seit mehreren Wochen einem hellen Stern gefolgt, der uns im Osten aufgefallen ist. Er führte uns direkt in Euren Palast. Wir wollten fragen, wo der neugeborene König zu finden ist, damit wir ihm unsere Geschenke bringen können."

Herodes wurde rot vor Wut. Er brüllte los: „Was heißt hier neugeborener König?! Alle sprechen hier nur noch von einem neuen König. Seht hier die weisen Männer meines Landes. Sie sitzen alle hier und erklären mir etwas über den hellen Stern und sprechen von einem neuen König. Aber es gibt nur einen König hier im Lande, und das bin ich! Und daran wird sich auch nichts ändern! Ich weiß nichts von einem neugeborenen König."

Als er seinen Wutausbruch beendet hatte, merkte Herodes plötzlich, dass sein Verhalten kein guter Schachzug gewesen war. Er wusste ja gar nicht, ob die drei Männer nicht vielleicht noch genauere Informationen über diesen König hatten. Vielleicht konnten sie ihn, Herodes, zu diesem König führen. Sofort änderte Herodes sein Verhalten.

„Entschuldigt bitte meine Erregung, ihr Sterndeuter. Aber ihr müsst verstehen, dass ich sehr ungehalten bin, wenn in meinem Reich etwas geschieht, was ich nicht unter Kontrolle habe. Wenn ihr so lange gereist seid, dann seid ihr sicher erschöpft und hungrig. Ruht euch bei mir ein wenig aus, und seid heute Abend meine Gäste. Ich würde mich sehr freuen, euch in einer Stunde im Marmorsaal begrüßen zu dürfen. Mein Diener wird euch zeigen, wo ihr euch erfrischen und auch gerne die Nacht verbringen könnt."

Kaspars Augen leuchteten. Er hatte schon befürchtet, er würde auf seine leckere Mahlzeit in Jerusalem verzichten müssen.

# Das Essen mit Herodes

***Material:***
*farbiges Tonpapier, für eine freie Seite des Häuschens kann man einen Tisch mit kleinen Schalen ausschneiden und aufkleben, in die Fenster könnte man einen Kerzenständer kleben, farbiges Transparentpapier, Zinnen mit Verzierung*

Die drei Freunde saßen mit Herodes an einem reich gedeckten Tisch. Da gab es viele Leckereien: Gänsebraten, besondere Fischspezialitäten, nach Gewürzen duftendes Fladenbrot, Safrankuchen, Obstspieße mit Karamellüberzug …

Kaspars Augen strahlten. Die Reise hatte sich gelohnt. Dieses Essen versprach ein purer Genuss zu werden.

Da erhob Herodes sein Glas und sprach: „Ich trinke auf euer Wohl und euren Mut, eine so weite Reise ins Ungewisse gewagt zu haben. Möge sie ein zufriedenstellendes Ende finde."

Die Sterndeuter nickten dem König zu und tranken. In den darauf folgenden Minuten versuchte Herodes, aus ihnen jede kleinste Kleinigkeit darüber herauszubringen, was sie über den Stern und diesen neuen König wussten. Kaspar und Melchior berichteten von dem Grund ihrer Reise und ihren Erlebnissen.

Balthasar hielt sich etwas zurück und beobachtete genau, was geschah. Den Wutausbruch von Herodes hatte er nicht vergessen. Dieses Essen, das war für ihn klar, war nur vorgespielte Freundlichkeit. Herodes fürchtete um seinen Thron und wollte nur genaue Informationen sammeln, um dann den neuen König, wenn es denn einen geben sollte, zu töten.

Balthasar fasste einen Entschluss: Er wollte so schnell wie möglich heraus aus diesem Palast. Das hier war alles nur vorgetäuschte Freundlichkeit und Scheinheiligkeit. Dieser Palast hatte für ihn nichts mit dem König zu tun, für den sogar ein Stern aufgegangen war. Den neuen König mussten sie wohl an einem anderen Ort suchen. Er würde nach dem Essen nochmals den Stern beobachten. Vielleicht konnten sie ja erkennen, in welche Richtung er weiterwanderte.

Unterdessen war Herodes zu dem Punkt im Gespräch gekommen, an dem er die drei Sterndeuter haben wollte. Er sagte: „Wenn ihr den neugeborenen König gefunden habt, dann seid doch so gut und kommt nochmals hier im Palast vorbei und berichtet mir, wo ihr ihn gefunden habt. Dann kann ich ihn auch besuchen und ihm die Ehre erweisen und ihn mit Geschenken überraschen."

Kaspar und Melchior versprachen gerne, wiederzukommen. Balthasar verbeugte sich nur höflich vor Herodes, dankte für die Gastfreundschaft und verabschiedete sich.

Kaspar und Melchior schauten ihren Freund entrüstet an. Eigentlich wollten sie sich noch nicht zurückziehen. Aber als sie in das Gesicht ihres Freundes schauten, wurde ihnen klar, dass irgendetwas Balthasar bewegte. So gut hatten sie ihren Freund in den letzten Wochen doch kennengelernt. So verabschiedeten sich alle drei und zogen sich in ihr Zimmer im königlichen Palast zurück.

Sie sprachen auf dem Weg kein einziges Wort. In ihrem Gastgemach angekommen berichtete Balthasar den anderen beiden von seinen Beobachtungen. Ihnen fiel es wie Schuppen von den Augen. Dass sie das gar nicht gemerkt hatten, dass Herodes ganz andere Pläne mit dem neuen König hatte! Sie beschlossen, den Palast so schnell wie möglich zu verlassen und nie wieder hierher zurückzukommen. Womöglich würde sie Herodes sonst noch verfolgen, um den Weg zum neuen König auszukundschaften.

Vorher wollten sie noch nach ihrem Stern Ausschau halten, denn die Sonne war schon untergegangen. Man musste ihn eigentlich gut sehen können.

Doch was war das? In dieser Nacht schien der Stern heller zu leuchten als in allen anderen Nächten zuvor. Und – ja, er war weitergezogen. Er leuchtete ganz klar in der Ferne. Sie konnten nicht erkennen, ob dort ein Dorf oder nur Felder waren, aber dort mussten sie hin. Dorthin, wo der Stern so hell leuchtete! Sicherlich würden sie dort den richtigen König finden.

Schnell packten sie ihre Sachen zusammen und schlichen sich aus dem Palast. Manchmal mussten sie sich hinter Säulen verstecken, um nicht von Wachtposten entdeckt zu werden. Doch sie gelangten ungesehen in den Stall zu ihren Kamelen, banden sie los und verschwanden in der dunklen Nacht.

# Im Stall von Bethlehem

***Material:***
*braunes Tonpapier, gelbes Transparentpapier, Geschenke außen herum, Stern auf dem Dach, Esel.*

Schon lange waren die drei Sterndeuter aus Babylon nicht mehr so schnell gelaufen. Auf der einen Seite trieb sie die Neugierde, was ihnen der Stern wohl zeigen würde, zum anderen wollten sie möglichst schnell weit weg von diesem trügerischen Palast dieses heimtückischen Herodes. Würde er herausbekommen, dass es einen anderen König gab, dann wäre dieser König seines Lebens nicht mehr sicher. Das war ihnen klar.

Der Stern zeigte ihnen den Weg. Und obwohl es tiefste Nacht war, spürten sie keine Müdigkeit. Sie fühlten in ihren Herzen, dass ihnen etwas Besonderes bevorstand. Etwas, das ihr Leben verändern würde.

So gelangten sie zu den Wiesen vor dem kleinen Ort Bethlehem. Der Stern leuchtete strahlend hell; er schien jetzt stillzustehen und nicht mehr weiterzuziehen – direkt über einer Wiese oder einem Stall. Das konnten sie noch nicht richtig erkennen. Sie lenkten die Kamele dorthin.

# 24. Tag

Tatsächlich, da war ein Stall, aus dem sie leise Stimmen hörten. Ihre Herzen pochten schneller. Sie wussten, hier waren sie am Ziel ihrer Reise angekommen. Sie banden die Kamele fest und klopften vorsichtig an der Stalltür. Ein leises „Tretet ein!“ erklang. Sie schoben das Holzstück zur Seite und öffneten die Türe.

Da lag ein neugeborenes Kind ganz friedlich in Windeln gewickelt in einer Futterkrippe. Mutter und Vater saßen dabei. Ochs und Esel standen vor ihrer Krippe, die nun so ungewöhnlich gefüllt war. Und vier Hirten knieten mit leuchtenden Augen vor dem Kind in der Krippe. Jemand hatte ein Schaffell über die Krippe gelegt.

Es war ein Bild des Friedens, das sich den drei Freunden einprägte. Ein Bild, das so ganz anders war als all der Prunk in Herodes‘ Palast.

Von dem Kind ging solch eine Freude aus, dass die drei Sterndeuter auf die Knie sanken und ehrfurchtsvoll ihre Hände falteten. Sie fragten die Mutter: „Wer ist dieses Kind? Wie heißt es?“

Maria antwortete lächelnd: „Das ist Jesus. Er ist Gottes eigener Sohn. Gott selbst hat ihn geschickt, damit auf der Welt Frieden herrscht.“

Kaspar, Melchior und Balthasar schauten sich an. So etwas hatten sie noch nie gehört. Ein Gott schickte seinen Sohn als Mensch auf die Erde? Aber warum kam er dann in einem Stall auf die Welt? Warum wurde er nicht in eine königliche Wiege gelegt?

Josef schien die Gedanken der weit gereisten Männer zu erahnen.

Er sagte: „Wir glauben an einen Gott, der Liebe ist. Bei ihm geht es nicht um Geld und Ehre, nicht um Macht und Einfluss. Er kommt zu denen, die ihn besonders brauchen. Deshalb sind auch die Hirten hier. Dieses Kind ist für alle gekommen. Für die Hirten und für euch. Setzt euch doch zu uns.“

Kaspar, Melchior und Balthasar wussten nicht, was sie sagen sollten. Das war zu viel auf einmal, was sie begreifen sollten. Aber eins war ihnen klar: Dieses Kind war der neue König, den sie gesucht hatten. Ein anderer König, als sie es erwartet hatten. Ein himmlischer König offensichtlich. Ihm wollten sie alle Ehre erweisen.

Sie gingen zurück zu ihren Kamelen und holten ihre kostbaren Geschenke. Kaspar hatte Gold mitgebracht als Zeichen dafür, dass er sich sicher war, dass vor ihm wirklich ein König lag. Er legte es vorsichtig in die Krippe. Dann war Melchior an der Reihe. Er hatte Weihrauch dabei. Er wollte damit ausdrücken, dass er daran glaubte, dass vor ihm Gottes Sohn lag. Zuletzt übergab Balthasar sein Geschenk: Es war ein Gefäß mit Myrrhe als Zeichen, dass Balthasar davon überzeugt war, dass Gott Mensch geworden war.

Als alle Geschenke überbracht worden waren, zogen die Hirten wieder auf ihr Feld zu den Schafen, und die drei Weisen machten sich auch auf den Heimweg. Sie alle waren erfüllt von einem tiefen Frieden und einer noch größeren Freude! Und das Licht am Himmel, dem sie auf ihrer Reise zum königlichen Kind gefolgt waren, leuchtete nun in ihren Herzen weiter.

# Kopiervorlagen

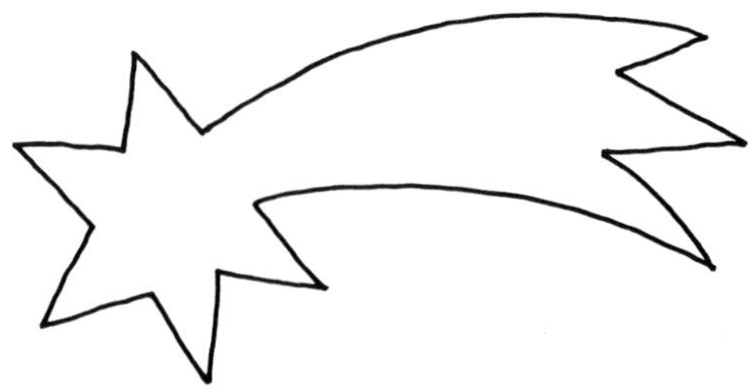

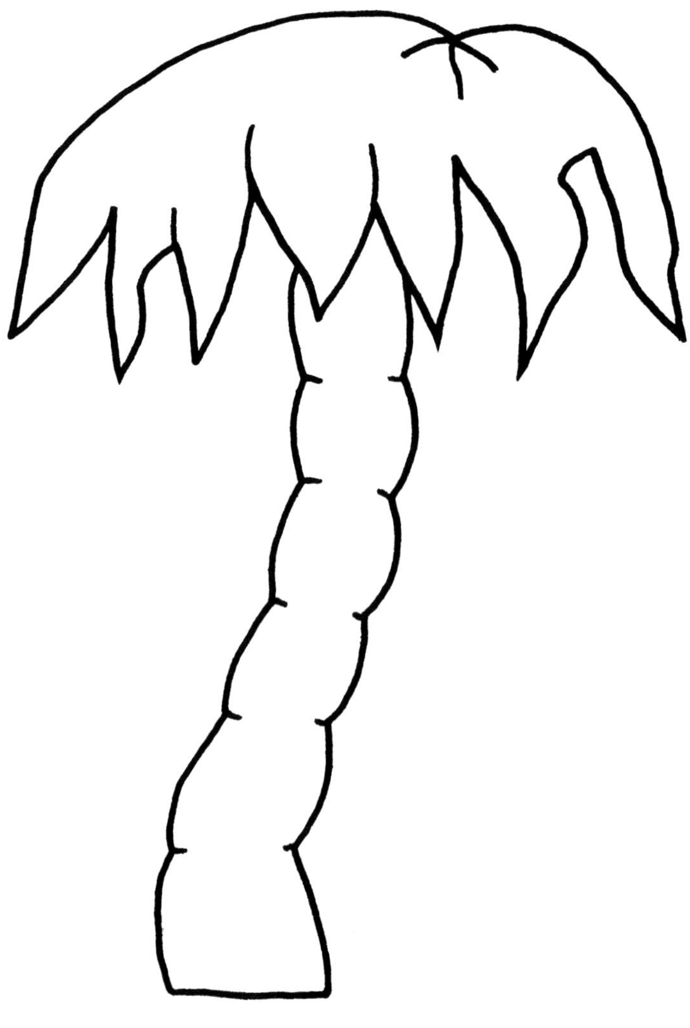

# Vorlage für ein Häuschen

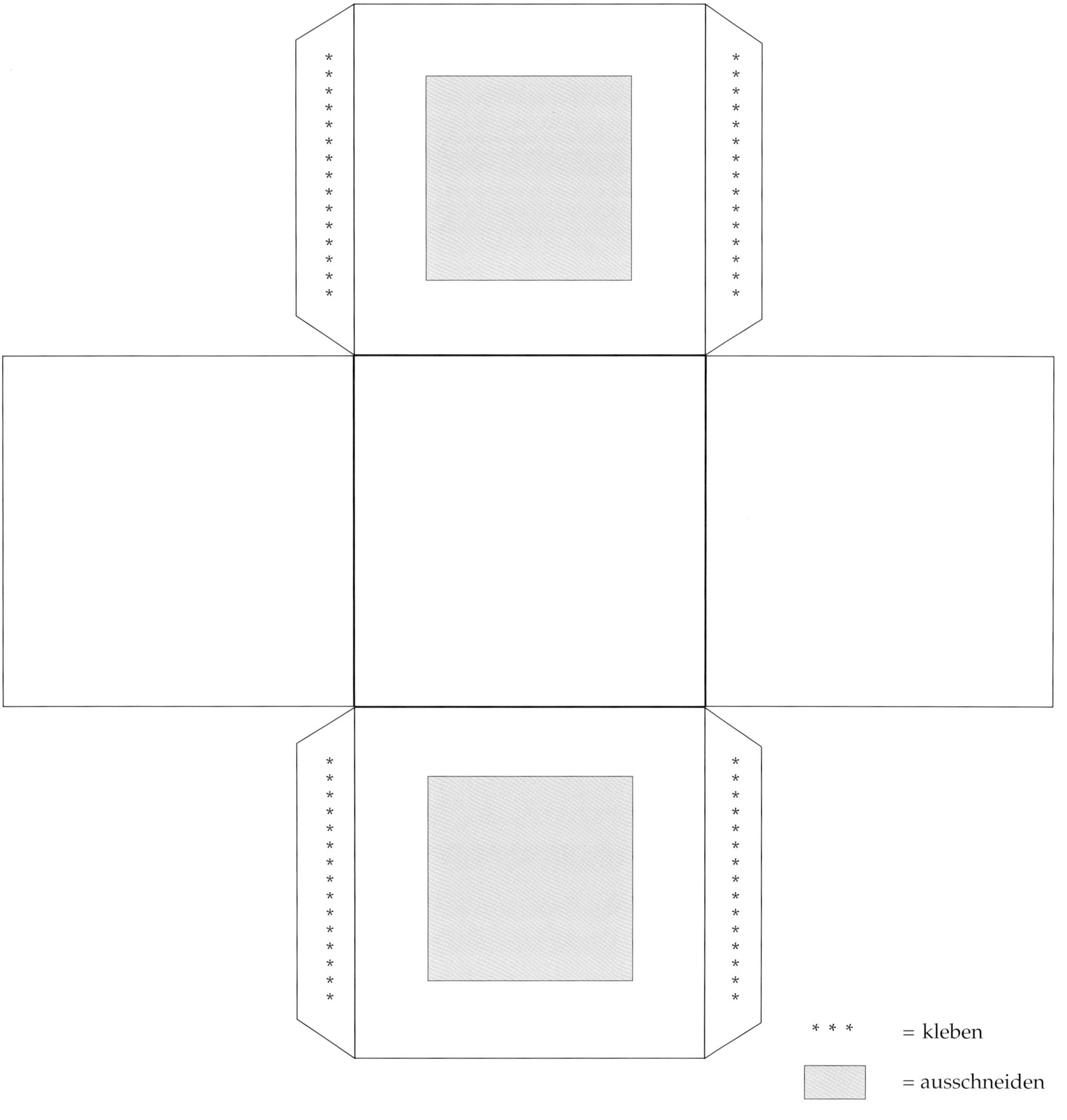


Die Vorlagen können auf etwas stärkeres Papier kopiert, ausgeschnitten und als Vorlage zum Übertragen auf Tonkarton verwendet werden. Dann die Figuren aus dem Tonkarton ausschneiden und – auf Karton geklebt – zu den jeweils passenden Häuschen stellen.

Wenn ihr auf stärkeres Papier kopiert, können die Figuren auch direkt ausgeschnitten und angemalt werden.

Wenn die Häuschen etwas größer sein sollen, diese Vorlage beim Kopieren einfach vergrößern.

**Stefanie Böhmann**

Meine Abenteuerreise begann 1977 in Stuttgart.
Weitere Stationen: Paraguay – Stuttgart – Freising – Hamburg.
1999 Start ins Abenteuerland Ehe mit Tilo.
Dreimaliges Geburts- und Erziehungsabenteuer: 2002 Hannah, 2004 Julia, 2007 Daniel.
*Mein Berufsprofil:* Familienmanagerin, Grund- und Hauptschullehrerin, Tagesmutter, Krabbelgruppenleiterin und freie Redakteurin.

Tine Anlauff-Haase / Stefanie Böhmann

**Eine Reise zum Osterfest**
**für Familie und Kindergarten**

Gestaltungsideen für jeden Tag
von Palmsonntag bis Ostermontag

40 Seiten
21 x 29,7 cm
ISBN 978-3-7655-6376-8
2. Auflage

Ostern ist neben Weihnachten das wichtigste Datum im christlichen Festkalender und gleichzeitig ein Ereignis, das Kindern schwer zu erklären ist. Dieses Materialheft bietet Eltern und Erzieherinnen 10 komplett ausgearbeitete Vorschläge für eine bewusste Vorbereitung auf Ostern.

Kinder zwischen 3 und 7 Jahren erleben mit dem Schmetterling Oli Osterling die Geschehnisse der Karwoche. Vom Samstag vor Palmsonntag bis zum Ostermontag führt der Osterweg entlang am biblischen Geschehen um den Tod und die Auferstehung Jesu.

Neben den altersgerecht erzählten biblischen Geschichten bietet dieses Materialheft

- Bastelideen
- Kopiervorlagen
- Wissenswertes rund um Osterbräuche und österliche Themen
- Liedstrophen

Im Lauf der Woche entsteht ein von allen gemeinsam gestalteter „Osterweg", der Kindern ermöglicht, das Geschehen rund um das Osterfest mit allen Sinnen zu begreifen.

BRUNNEN VERLAG GIESSEN
www.brunnen-verlag.de